Photoshop

Proyectos prácticos

AF864108

*"Me lo contaron y lo olvidé,
me lo enseñaron y lo entendí,
lo hice y lo aprendí".*

Miles de años después, esta máxima de **Confucio** está más vigente que nunca, especialmente, en el uso de las complejas herramientas tecnológicas actuales.

Siguiendo sus enseñanzas, esta **Guía USERS de Photoshop** está basada en proyectos prácticos explicados paso a paso. Así, el lector no solo encontrará resueltas tareas típicas de la edición de imágenes, sino que también aprenderá de la mejor manera posible: haciendo.

Los proyectos están pensados para cubrir una amplia variedad de actividades del amplio mundo del retoque fotográfico.

Una vez entendidos los conceptos, la forma de trabajo, la ubicación de las herramientas y demás, el lector estará listo para enfrentar nuevos desafíos.

Miguel Lederkremer (@leder)
Director Editorial

facebook.com/redusers twitter.com/redusers instagram.com/reduserscom/ redaccion@redusers.com

Jiménez, Sabrina Belén
Photoshop: proyectos prácticos / Sabrina Belén Jiménez. - 1a ed. - Ciudad Autónoma de Buenos Aires : Six Ediciones, 2019.
144 p.; 28 x 20 cm. - (Guías users; 10)

ISBN 978-987-4958-18-1

1. Software. 2. Diseño Gráfico. 3. Fotografía Digital. I. Título.
CDD 760

TÍTULO
Photoshop: proyectos prácticos

AUTOR
Sabrina Belén Jiménez

EDICIÓN
Claudio Peña Millahual

DISEÑO Y PRODUCCIÓN
Gustavo De Matteo

COLECCIÓN	Users Guías Prácticas
FORMATO	28 x 20 cm
PÁGINAS	144
ISBN	978-987-4958-18-1

Photoshop
Proyectos prácticos

Los tutoriales que presentamos en esta guía se pueden encarar en el orden que más le interese al lector. A modo de orientación, los clasificamos en básicos, intermedios y avanzados. La versión utilizada del programa es Photoshop CC 2019, pero los criterios a seguir, conceptos y herramientas explicadas les serán útiles con mínimas variaciones para cualquier versión, incluso, para otros programas de retoque fotográfico.

RETOQUE BÁSICO

RETOQUE INTERMEDIO

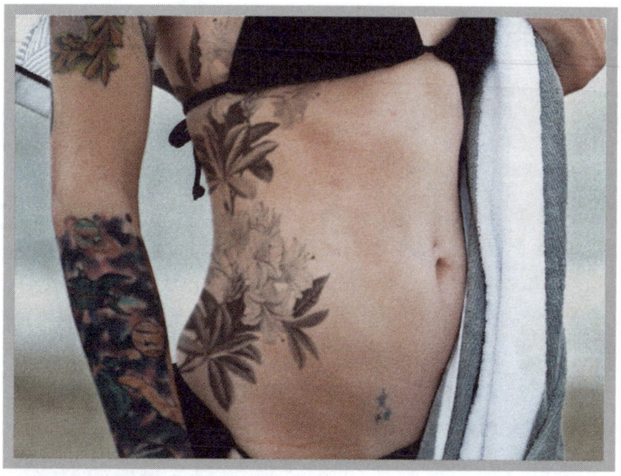

RETOQUE AVANZADO

Simular un efecto HDR

El efecto HDR, más conocido en español como Imágenes de Alto Rango Dinámico, es un retoque digital mediante el cual, a partir de tres tomas fotográficas de distinto nivel de exposición, se logra conseguir un resultado HD. La manera normal de hacerlo es a partir de los Camera Raw de la imagen. Sin embargo, no siempre tenemos a mano una cámara con las especificaciones necesarias para controlar la exposición de la toma e, incluso, puede ser que nosotros no la hayamos obtenido. Por eso, en esta oportunidad haremos una simulación de efecto HDR a partir de una foto cualquiera y en pasos sencillos, utilizando los Modos de Fusión e invirtiendo el color de capas para generar contraste a partir de un negativo.

Obtendremos un resultado HD de manera rápida gracias a las herramientas básicas y la superposición de color, lo que les dará una mejor calidad a nuestras fotografías.

Esta es una técnica muy recomendada para fotos apagadas o desenfocadas, ya que les brinda un acabado mucho más profesional y definido.

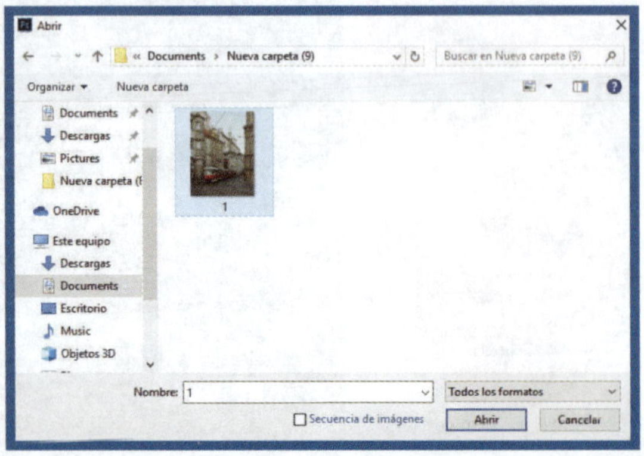

1 Nos dirigimos al menú superior **Archivo/Abrir** o utilizamos el atajo **Ctrl + O** para importar la imagen que queremos editar.

2 Modificamos manualmente el **Brillo** y el **Contraste** seleccionándolos en **Imagen/Ajuste** y moviendo los valores del panel según lo requiera la fotografía.

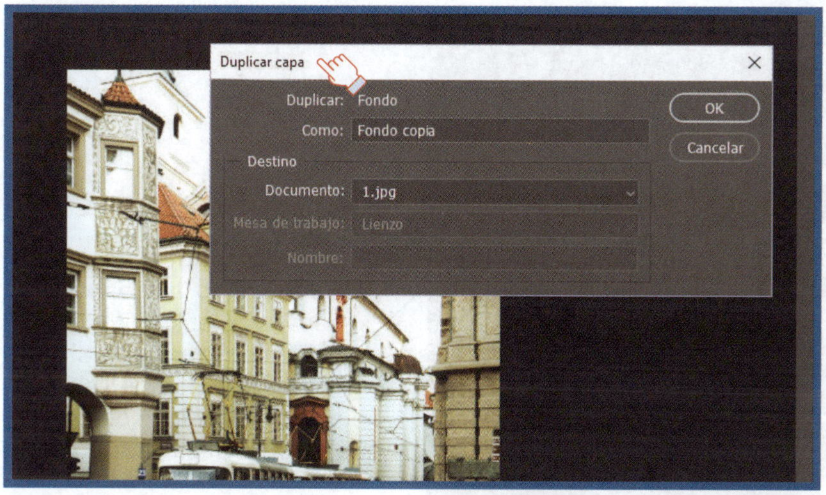

3 Conformes con los contrastes de la foto, pasamos a copiar la Capa Fondo haciendo **Ctrl + J** o con un clic derecho y seleccionando **Duplicar capa**.

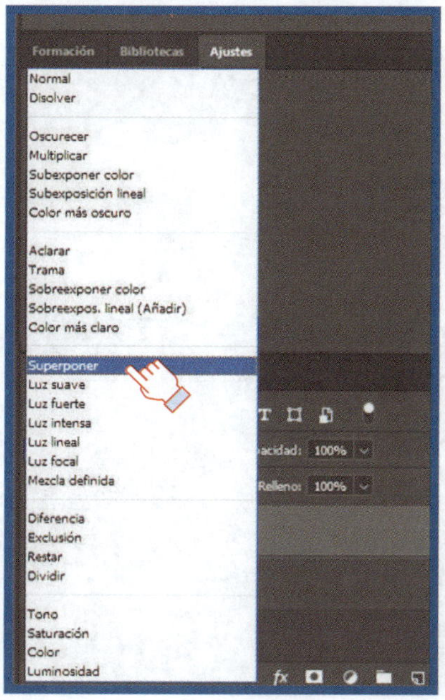

4 En el Panel de Capas tendremos un menú deslizable que, de manera predeterminada, indica que nuestra capa está en modo de fusión **Normal**. Hacemos clic y elegimos la opción **Superponer**; rápidamente veremos un cambio en el color de la imagen.

5 En el menú superior del Panel de Capas tenemos la opción de cambiar la **Opacidad**. Haremos que nuestra capa superior, la que está en modo **Superponer**, tenga una opacidad del 80%.

6 Duplicamos otra vez la Capa Fondo. Necesitamos desaturar los colores de esta capa, para lo cual vamos a **Imagen** en el menú superior y seleccionamos **Ajustes/Desaturar** o utilizamos el atajo **Shift + Ctrl + U**.

7 Invertimos los colores de la capa desaturada, yendo a **Imagen/Ajustes/Invertir** o presionando **Ctrl + I** de forma tal que se vea en negativo.

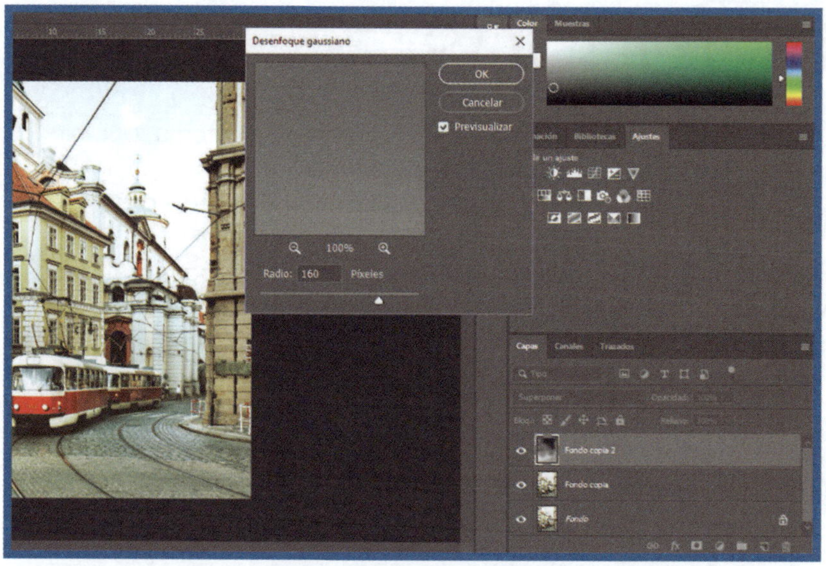

8 Desenfocamos la capa dirigiéndonos a **Filtros/ Desenfoque** y, en la opción **Desenfoque Gaussiano**, le damos un radio de **160 píxeles** para que el negativo se vea lo menos nítido posible.

9 Pasamos la capa a Modo de Fusión **Superponer** y retocamos la **Opacidad** para darle más textura a la imagen.

10 Retocamos los Niveles de la foto de Fondo para incrementar el efecto de contraste presionando **Ctrl + L** o dirigiéndonos a **Imagen/Ajustes/ Niveles**.

Desenfocar fondos

No siempre es fácil darle profundidad a una fotografía en el momento de la toma, por lo que, en caso de querer darle un efecto de foco, ya sea para disimular un fondo que no nos termina de convencer o para agregarle un efecto dramático, siempre podemos contar con una edición digital.
Hay muchas maneras de desenfocar fondos. En esta oportunidad veremos cómo se logra sin riesgos de perjudicar ni manchar las figuras que están en primer plano. Utilizaremos Máscaras vectoriales y crearemos un relleno ficticio en áreas donde antes había otros elementos, para conseguir mayor profundidad y nitidez.

Es importante hacer hincapié en lo que queremos transmitir con nuestras fotografías. De vez en cuando, al haber demasiada información en el encuadre, el sentido o foco que deseábamos hacer en determinado detalle o acción acaba por perderse en la marea de colores y elementos. Desenfocando sutilmente los elementos secundarios, podremos destacar la intencionalidad que tuvimos al momento de componer la toma.

1 Abrimos la foto que deseamos editar haciendo **Ctrl + O** y buscándola en la carpeta correspondiente. Nos dirigimos al Panel de Capas, hacemos clic derecho en la capa **Fondo** y seleccionamos **Duplicar Capa**, o presionamos **Ctrl+J** para no trabajar directamente sobre la fotografía original.

2 El siguiente paso es separar la figura del fondo. Para hacerlo, seleccionamos el área que queremos proteger del desenfoque usando la herramienta que nos resulte más cómoda según la imagen. En este caso vamos a la barra de herramientas y hacemos clic en el icono de **Selección Rápida** o utilizamos el atajo **W**.

3 Crearemos una máscara de la selección con la opción **Añadir máscara vectorial**, presionando el icono del rectángulo con un círculo dentro en el Panel de Capas. Esto ocultará toda el área que está por fuera de la selección y nos servirá para proteger del desenfoque a las figuras principales. No volveremos a usar esta capa hasta el final, por lo que presionamos en el ojo para ocultarla por el momento.

4 Por otro lado, volvemos a hacer **Ctrl+J** a la capa de fondo y seleccionamos nuevamente a la modelo. Esta vez necesitamos eliminarla de la fotografía para evitar que también se desenfoque y nos quede un halo borroneado en la imagen final. Precisamos una pequeña distancia entre la selección y el objeto seleccionado por lo que, una vez que esté lista, vamos al menú desplegable de **Selección**, presionamos **Modificar** y elegimos **Expandir**, donde especificamos **30 píxeles**. Veremos que el área de selección se expande.

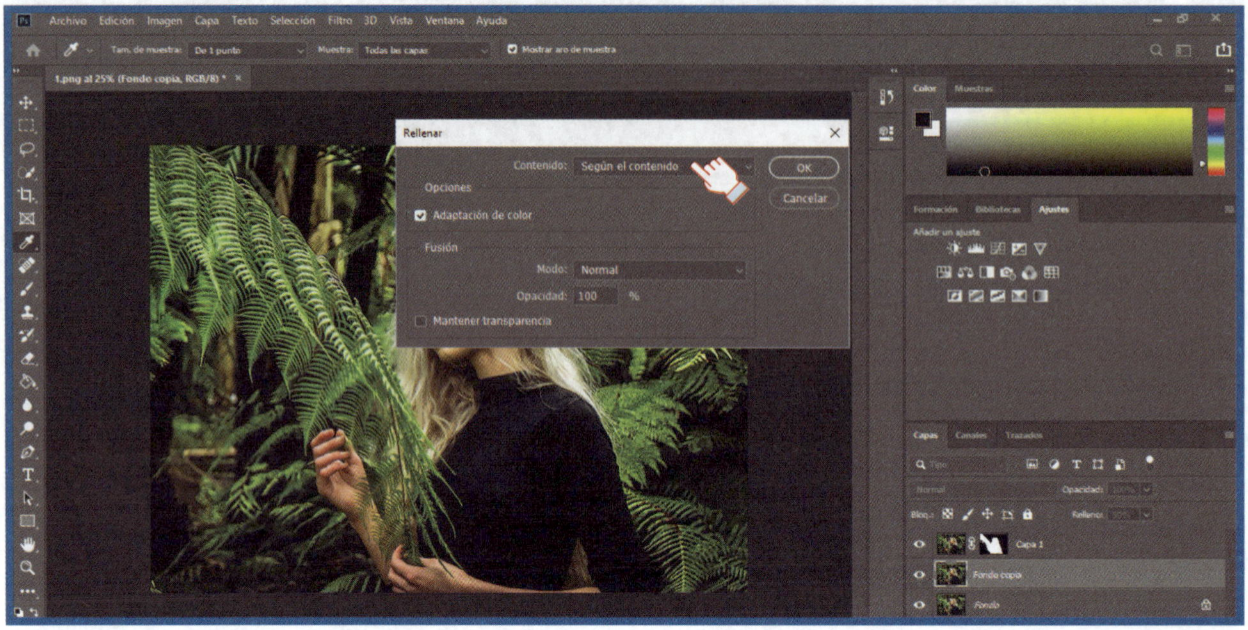

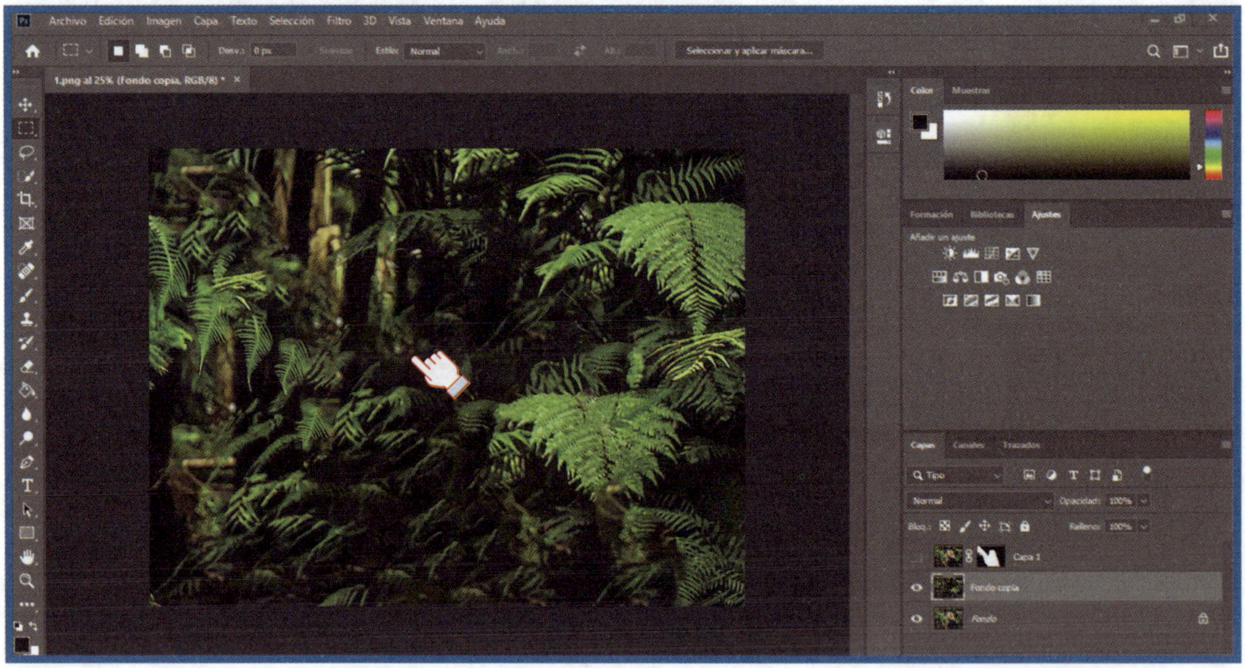

5 Ya con la selección expandida, hacemos clic derecho en la capa y seleccionamos **Relleno**, que abrirá una ventana nueva donde verificamos que figure la opción **Contenido: Según el Contenido**. Le damos aceptar y veremos que el programa rellena la selección con información tomada de las demás áreas de la imagen. No nos preocupemos si se ve desprolijo, ya que luego procederemos a desenfocarlo por completo.

El relleno según el contenido es una herramienta útil a la hora de eliminar o sustituir objetos, ya que toma información de los píxeles que rodean la selección y construye con eso un parche ficticio que nos permite conservar la paleta cromática y la textura.

6 Vamos al menú **Filtros/Desenfocar** y seleccionamos **Desenfoque Gaussiano**. Es importante que esté marcada la pestaña de **Previsualizar**, para tener una visión panorámica de la imagen. En este caso asignamos un radio de desenfoque de **5 píxeles**.

7 Ahora es momento de volver visible la capa que habíamos ocultado previamente. Es muy probable que la selección que habíamos hecho de la modelo ahora se vea muy desprolija, pero no nos preocupemos, ya que haciendo clic en la máscara vectorial, podremos editarla. Utilizando el pincel (**B**) con una opacidad del 50%, podremos eliminar sobrantes de la selección, mientras que con la Goma (**E**) haremos aparecer detalles que nos faltaban.

Es muy importante que trabajemos tanto la Goma como el Pincel con una opacidad baja, para que la transición de enfoque a desenfoque sea mucho más sutil y precisa, y tengamos la posibilidad de aplicar distintos matices donde sea conveniente.

Cómo cambiar el color de ojos

Cambiar el color de ojos en una fotografía puede parecer una tarea complicada y con riesgos de obtener un resultado demasiado artificial. Esta es una idea muy alejada de lo que realmente haremos en esta oportunidad, ya que, gracias al uso de Capas de Ajuste, conseguiremos un acabado sutil y realista, de forma rápida y fácil.

Muchas veces, cuando retocamos colores en las fotografías, solo queremos reemplazar el tono que no nos gusta y olvidamos la importancia de trabajar con transparencias para que el acabado sea lo más natural posible. Utilizando capas de **Tono/Saturación** nos aseguramos de no perder información base de la imagen original y trabajar teniendo en cuenta cómo interactúan los colores que están debajo.

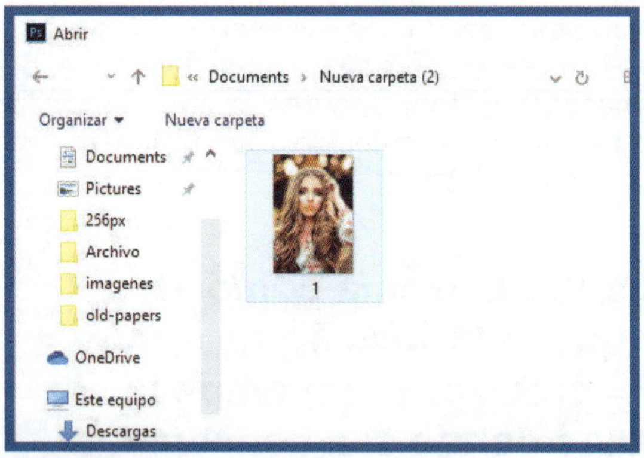

1 Vamos a la pestaña **Archivo** en la esquina superior izquierda y seleccionamos **Abrir** (**Ctrl+O**) para elegir la foto que queremos editar.

2 Una vez abierta la foto, en caso de que sea un retrato, hacemos zoom en la zona de los ojos para facilitar el trabajo sobre la mirada de la modelo. Para esto seleccionamos la lupa de la barra de herramientas o, simplemente, presionamos la tecla **Z**.

3 Con la herramienta lazo **(L)** vamos a contornear todo el iris de los ojos; no nos preocupemos por ser demasiado precisos en la selección, ya que más adelante podremos emparejarlo. Primero englobamos un ojo y, presionando **Mayus** o **Shift**, pasamos al siguiente para seleccionar ambos.

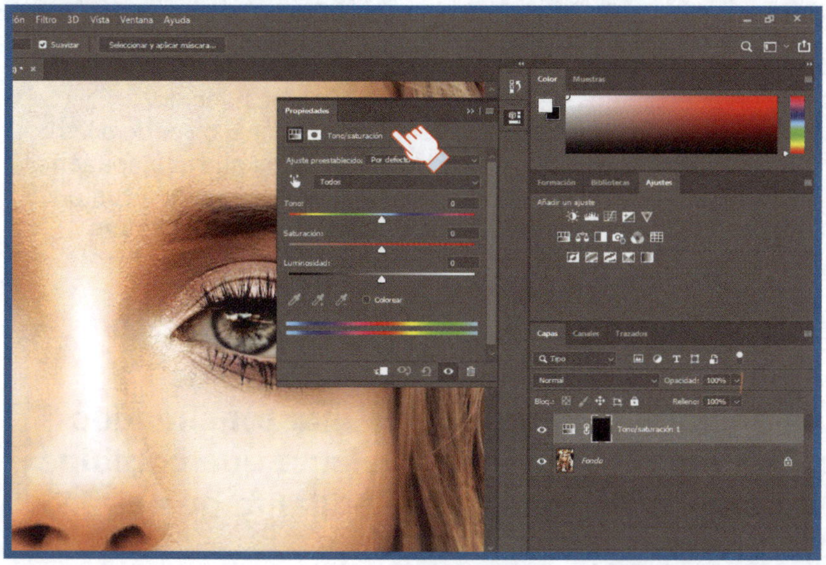

4 Ya tenemos los dos ojos listos para editar. Vamos a generar una capa de **Tono/Saturación**, dirigiéndonos al panel de Capas y haciendo clic en **Capa de relleno o ajuste**, cuyo ícono es un círculo dividido en diagonal, en la parte inferior del menú. Se abrirá un nuevo panel con diferentes estilos de ajustes; seleccionamos **Tono/Saturación**.

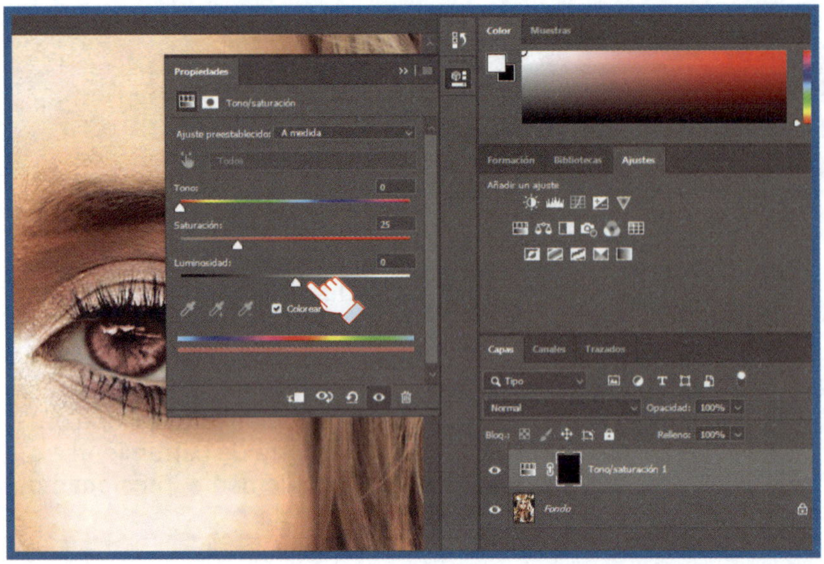

5 Marcamos la opción **Colorear** del panel de **Tono/Saturación**, e inmediatamente veremos un cambio en el color de ojos de la modelo. Es tiempo de jugar con las opciones del panel. La barra de **Tono** cambiará el color base de la selección, mientras que **Saturación** y **Luminosidad** variarán la intensidad del color y cuán claro u oscuro será este, respectivamente.

6 Ya con el color final seleccionado y un buen zoom en la imagen, necesitamos hacer los últimos retoques para que se vea lo más realista posible. Presionando la tecla **E** o yendo a las herramientas, utilizamos la **Goma** para borrar las pupilas y los brillos blancos que acompañan al iris. También podemos seleccionar el **Pincel** o presionar la tecla **B** para agregar color a cualquier zona que nos haya quedado fuera de selección y emparejar el iris completamente, siempre asegurándonos de estar trabajando en la capa de **Tonalidad**, y no directamente sobre la foto.

Podemos tener en cuenta el contexto de la foto a la hora de jugar con los colores; es decir, si la imagen presenta tonalidades otoñales, podemos darles a los ojos un tono avellana que combine bien con el fondo de las hojas, o un tono verde brillante que destaque y tome protagonismo.

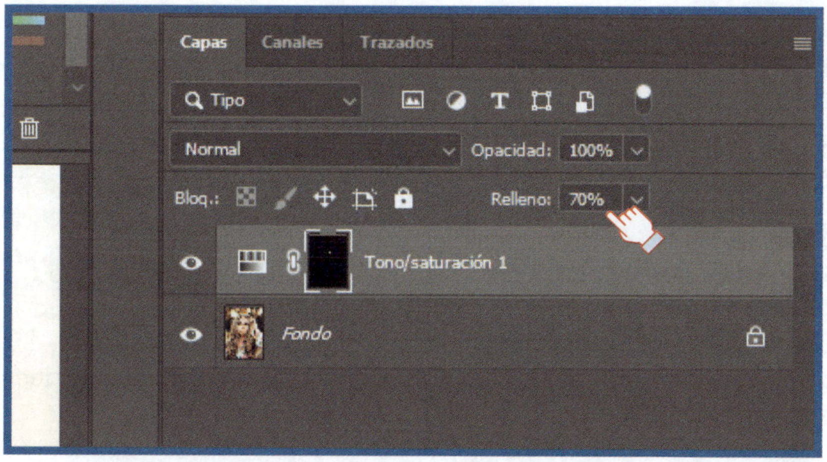

7 Aunque el color se vea realista, siempre es buena idea bajar un poco la opacidad de la capa de **Tono/Saturación**, ya que de esta forma lograremos difuminar mejor lo que sería el color base con el de la nueva capa. Para esto vamos al panel de Capas y, en la esquina superior derecha, modificamos la **Opacidad** de un **100%** a un **65-70%**.

8 Hacemos Zoom Out y veremos la totalidad de la imagen para poder elegir mejores parámetros a la hora de escoger un color. Para volver a ver la imagen completa, seleccionamos la lupa de la barra de herramientas o presionamos Z y luego Ctrl - si queremos tomar un poco más de distancia y verificar si el acabado es realista o nos estamos enfocando demasiado en la mirada.

La importancia de las Capas de Ajuste

Las capas de ajuste nos brindan un ritmo de trabajo dinámico y fluido gracias a que permiten la edición no destructiva de la imagen, es decir que no afectan permanentemente los valores. Esto es así gracias a que solo poseen información de color y tono, y actúan únicamente sobre las capas que están debajo de ellas. En el caso de ocultar el resto de las capas y dejar visibles solo las de Ajuste, nos percataríamos de que es imposible verlas debido a que carecen de información adicional.

Cómo crear un bronceado artificial

De vez en cuando, al tomar una fotografía, los colores piel quedan demasiado pálidos y pierden contraste por problemas de iluminación o composición. Incluso, se dan ocasiones en las cuales necesitamos hacerles un cambio de look a nuestros modelos y agregarles un bonito bronceado para conseguir una sesión de fotos más veraniega o luminosa. Si ese es el caso, siempre podemos recurrir a la edición digital, generando un cambio de tonalidades e iluminación que modificarán por completo la apariencia de la fotografía.

En este proyecto crearemos un bronceado artificial de manera muy sencilla y rápida utilizando Photoshop y la herramienta Curvas, a partir de dos fotografías: una que queremos manipular y otra de referencia para conseguir un tono de piel realista.

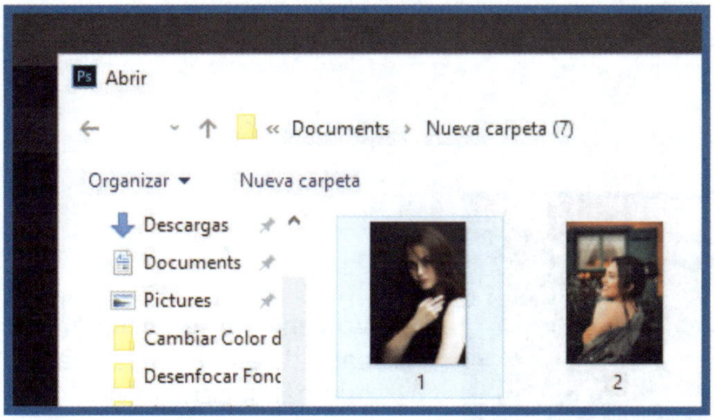

1 Una vez que hayamos encontrado la fotografía de referencia y tengamos en nuestra computadora la foto que queremos manipular, importamos ambas a Photoshop desde **Archivo/Abrir (Ctrl + O)**. Aparecerá una ventana de búsqueda, y una vez hallada la imagen, damos clic en **Abrir** o pulsamos la tecla **Enter** para comenzar a editarla.

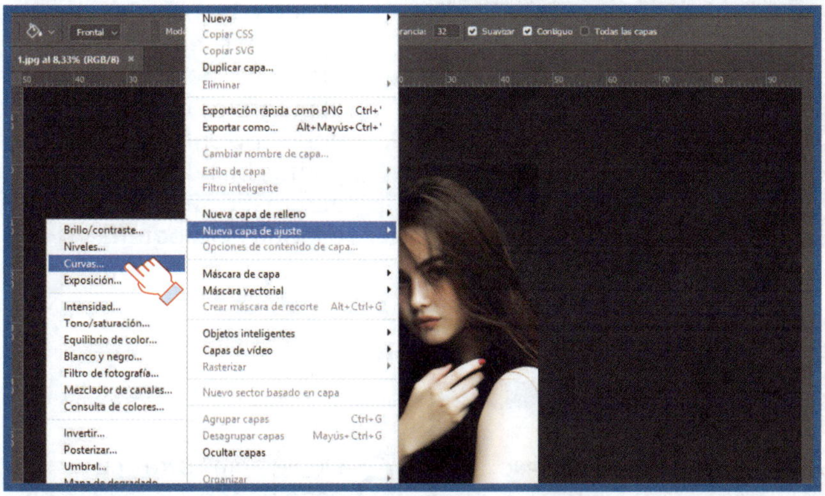

2 Aprenderemos a crear una capa de ajuste de **Curvas**. Hay dos maneras de hacerlo: ir al menú superior **Capas**, hacer clic y buscar en el menú desplegable **Máscara de ajuste de Curvas**, o dirigirnos al menú inferior del Panel de Capas, pulsar el botón **Nueva capa de Ajuste** y seleccionar la opción **Curvas**.

Si hacemos doble clic en esta capa nueva, Photoshop abrirá un menú de propiedades para poder modificar sus parámetros como queramos.

3 Por otro lado, vamos a **Archivo/Abrir**, importamos nuestra foto de referencia en otra mesa de trabajo y también le aplicamos una capa de curvas.

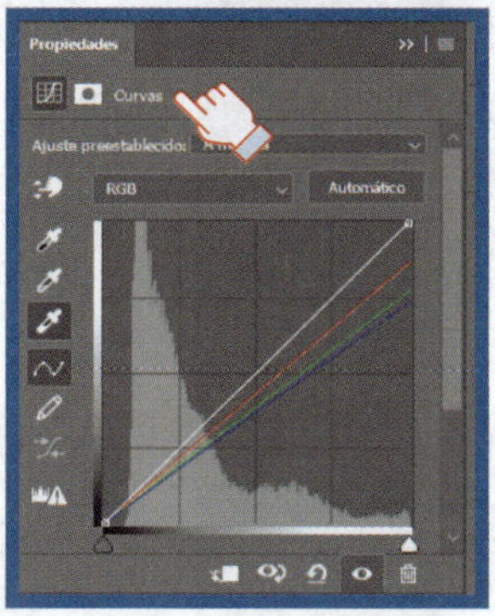

4 Hacemos doble clic en el icono **Muestrear la imagen para definir el punto blanco**, y tomamos una muestra de la zona de piel más iluminada de la modelo para convertirla en nuestro nuevo blanco de referencia. Hay que tener en cuenta que necesitamos un buen tamaño de muestreo en la barra de configuración de la **Capa de Ajuste**. Todo dependerá de nuestra fotografía, por lo que es buena idea jugar con los parámetros. En este caso usamos un promedio de **31x31**. Veremos que el punto más blanco de la capa de ajuste deja de ser el valor que venía por defecto.

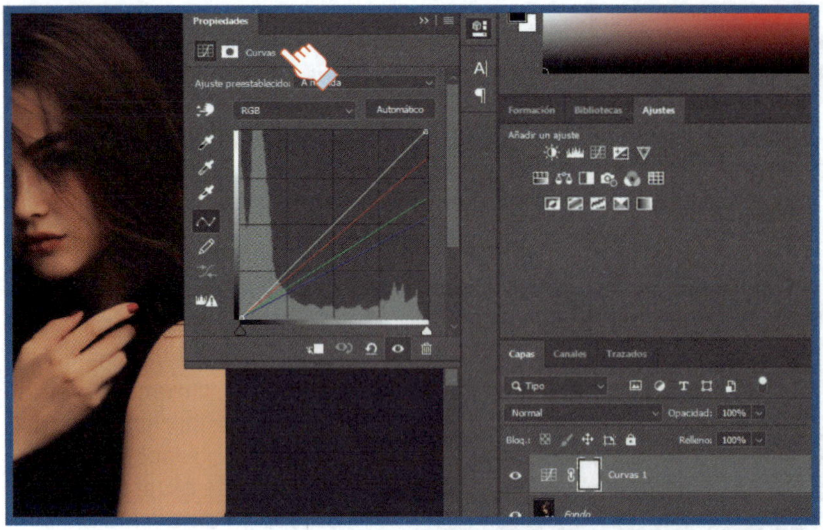

5 Volvemos a seleccionar la capa de ajuste en la imagen original que queremos modificar y utilizamos el muestreo para definir el punto blanco de este tipo de piel en una zona luminosa, de manera que el programa consiga un equilibrio entre ambos puntos blancos, cambiando automáticamente el color de toda la fotografía.

6 Duplicamos otra vez la capa **Fondo**. Necesitamos desaturar los colores de esta capa, para lo cual vamos a Imagen en el menú superior y seleccionamos **Ajustes/Desaturar** o utilizamos el atajo **Shift+Ctrl+U**.

7 Como paso final, en caso de que el bronceado haya quedado demasiado saturado o artificial, colocamos sobre la foto retocada una nueva copia de la original y modificamos su **Relleno** y **Opacidad**, de modo tal que los colores se integren satisfactoriamente.

Fotomontaje: nadadora en el asfalto

De vez en cuando, al tomar una fotografía, los colores piel quedan demasiado pálidos y pierden contraste por problemas de iluminación o composición. Incluso, se dan ocasiones en las cuales necesitamos hacerles un cambio de look a nuestros modelos y agregarles un bonito bronceado para conseguir una sesión de fotos más veraniega o luminosa. Si ese es el caso, siempre podemos recurrir a la edición digital, generando un cambio de tonalidades e iluminación que modificarán por completo la apariencia de la fotografía.

Solemos creer que lograr un fotomontaje realista es posible solo si somos usuarios avanzados del programa. Sin embargo, hay alternativas muy simples para engañar al ojo y crear situaciones fantásticas. En esta oportunidad haremos una fotocomposición desde cero utilizando el Modo de Fusión Superponer, importando pinceles específicos y utilizando Capas de Ajuste, para crear la ilusión de una persona nadando en el asfalto durante una noche tormentosa. Daremos una textura acuática al asfalto de una fotografía gracias a una superposición de sombras y luces, y generaremos una lluvia artificial por medio de pinceles. Es importante utilizar fotos que coincidan en perspectiva, para obtener un resultado más realista. Gracias al juego de transparencias, podremos fusionar tres fotografías con un resultado asombroso.

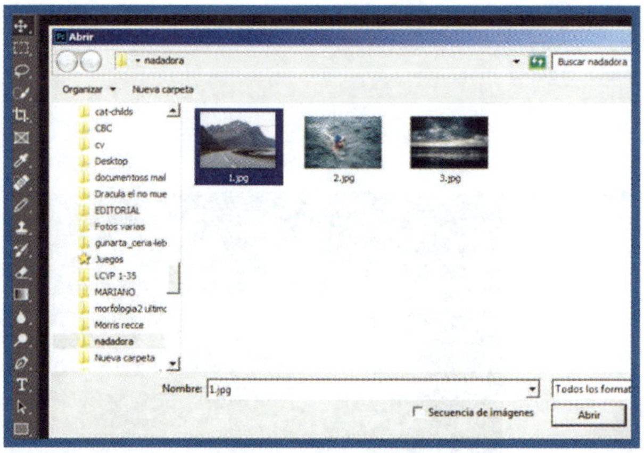

1 Abrimos la foto de la carretera que queremos manipular, yendo a **Archivo/Abrir** o presionando **Ctrl + O.**

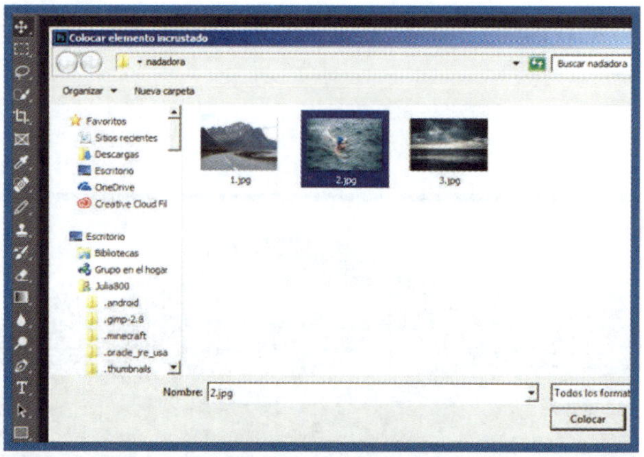

2 Ya con la foto lista para retocar, lo primero que haremos será importar la imagen de la nadadora desde **Archivo/Colocar Elementos Incrustados.**

3 Bajamos momentáneamente la **Opacidad** de la capa de la nadadora un **60%**, de manera que podamos observar la capa de fondo y seamos capaces de ubicarla proporcionalmente con **Ctrl + T.** Al momento de elegir ambas fotografías, es importante que consideremos la dirección que tienen; en este caso, la carretera está girando hacia la derecha, y la nadadora también está inclinada en ese sentido. Este aspecto tan simple nos ayudará a lograr una composición más realista. En caso de que las fotos tengan direcciones ligeramente distintas, es posible manipularlas manualmente haciendo clic derecho y seleccionando **Deformar.**

4 Necesitamos duplicar la capa de la nadadora: una nos servirá para las olas, y otra, para el personaje. Entonces, hacemos clic derecho en **Duplicar Capa** o presionamos **Ctrl + J.**

5 Ocultamos momentáneamente la copia superior dando clic sobre el ojo de la capa, y modificamos el **Modo de Fusión** de la capa restante a **Modo Superponer**. Observaremos cómo quedan visibles únicamente las sombras y las luces de la foto.

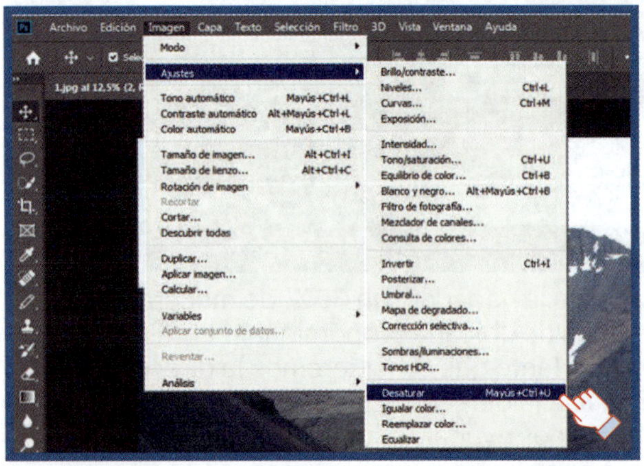

6 Para que se mezcle correctamente con los colores del asfalto necesitamos desaturar la capa. Vamos entonces al menú **Imagen/ Ajustes/Desaturar** o presionamos el atajo **Mayus+Ctrl+U**; veremos cómo se difumina perfectamente.

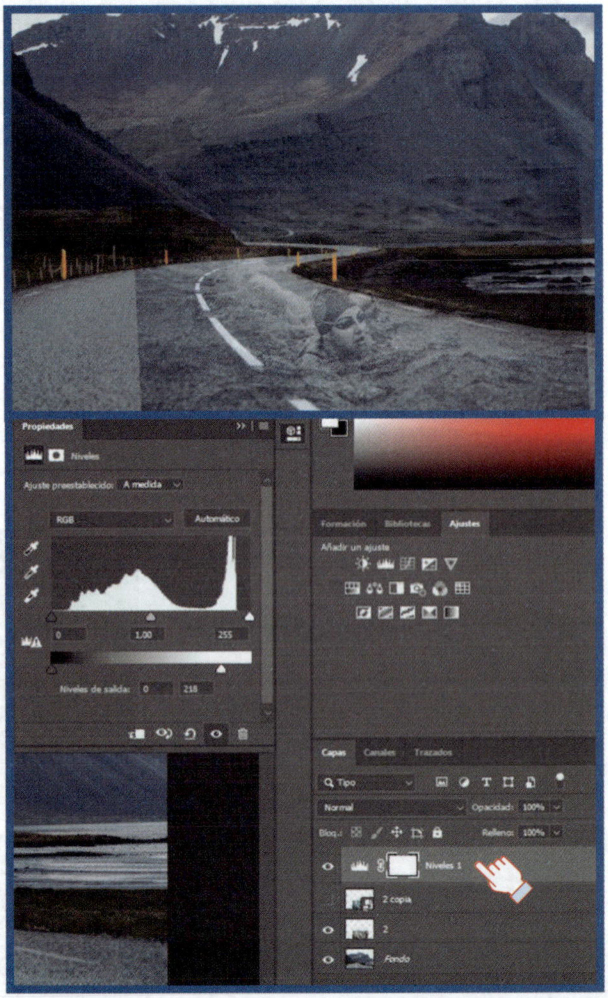

7 Necesitamos un mayor contraste, por lo que generaremos una capa de ajuste para corregir los niveles de la fotografía. Vamos a **Capas de Ajuste** (el símbolo del círculo dividido que se encuentra en el menú inferior del Panel de Capas) y seleccionamos **Niveles.** Trataremos de darle el mayor contraste que podamos, siempre teniendo en cuenta cómo se ve sobre el asfalto.

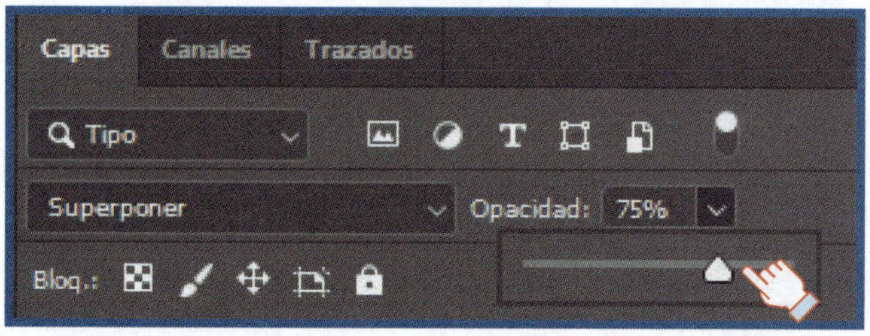

8 Para obtener un mejor resultado, bajamos la opacidad de la capa a un **75%**, de forma que los colores se integren más.

9 Si la foto del agua no llega a abarcar todo el asfalto, podemos utilizar la herramienta **Tampón de Clonar**, y así extender un poco más el agua sobre las partes que nos queden cortadas. Seleccionando el **Tampón** con una dureza del **20%**, presionamos **Alt** para tomar una muestra de una parte de las olas, y vamos dibujando y cambiando el sector de muestra para terminar de "pintar" toda la carretera.

10 Con la **Goma** en **Dureza** del **10%** y en un tamaño relativamente grande para que no se noten tanto los trazos, vamos borrando los lugares donde nos sobre imagen.

Para continuar con nuestro fotomontaje tendremos que hacer clic nuevamente sobre el ojo de la capa superior para que vuelva a aparecer. Recordemos que esta se encontraba en **Modo Normal**. Con **Selección Rápida** rodeamos a la nadadora y eliminamos el fondo para darle color únicamente a la modelo, de manera que se vea como saliendo a la superficie. También debemos crear una capa de **Tono/Saturación** para que la piel de la nadadora coincida con las tonalidades de la fotografía. Para esto, vamos a **Capas de Ajustes**, seleccionamos **Tono y Saturación**, y modificamos la iluminación y la saturación de la fotografía hasta quedar conformes con el resultado. Recordemos siempre que la Capa de Ajuste se debe mantener anclada a la Capa de la protagonista, de manera que no afecte los colores del resto del trabajo. Luego seguimos con los pasos que mostramos a continuación:

1 Para darle mayor sensación de humedad a la composición, agregaremos un cielo tormentoso. Importamos la imagen y le damos una **opacidad** del **70%** para poder ubicarla en el lienzo de un tamaño que coincida con el resto de la foto.

2 Cambiamos su modo de fusión a **Multiplicar** para que adquiera transparencias. No importa que se vea muy detallado, ya que solo queremos la textura de las nubes y la oscuridad de la tormenta. Con una **Goma (E)** de Dureza lo más baja posible, vamos eliminando lo que sobre del cielo. En la parte de las montañas que están en el horizonte, podemos utilizar una **Opacidad** de **Goma del 40%** para que no pierdan coloración y se fusionen con el fondo.

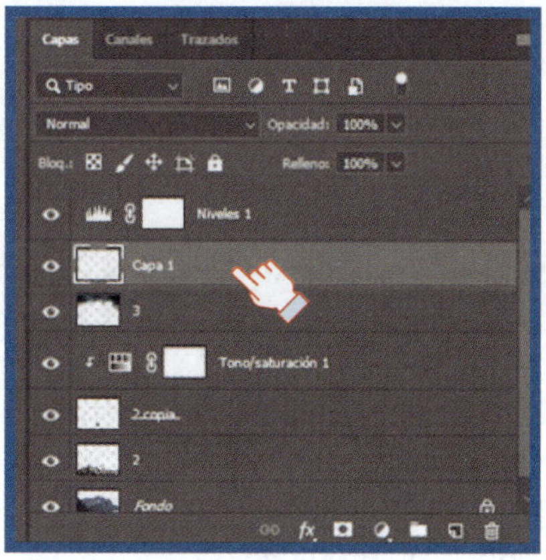

3 Creamos una capa nueva para darle el toque final al proyecto, dirigiéndonos al menú de capas **Nueva Capa**.

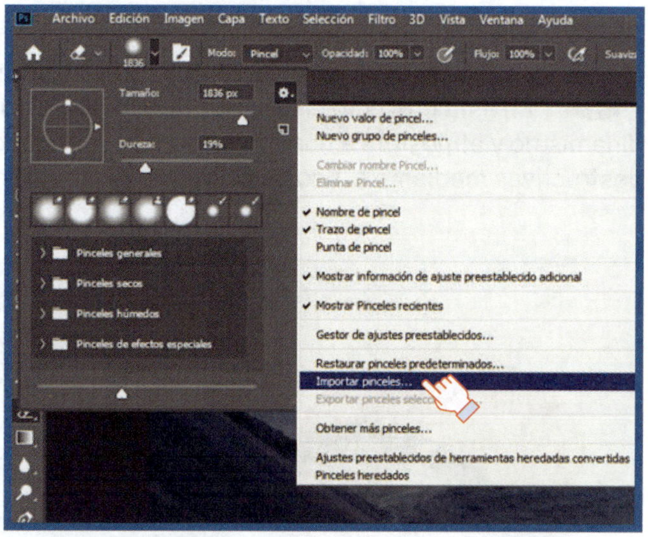

4 Agregamos lluvia con un pincel diseñado para tal fin. Hay muchos pinceles de Photoshop gratuitos o de pago en Internet, lo importante es asegurarnos de que el resultado se vea realista. Utilizando esta clase de recursos, podremos obtener un resultado novedoso con poco esfuerzo. Para agregar una biblioteca de pinceles, vamos al menú Pinceles, hacemos clic en el engranaje y seleccionamos **Importar Pinceles**.

5 Una vez seleccionado nuestro pincel de lluvia, bajamos su **Flujo** a un **50%** de forma que tengamos más control de las gotas que aparecen en el trazo, y con una **Opacidad** del **40%** vamos pintando con cuidado, asegurándonos de hacer más trazos en la parte del suelo.

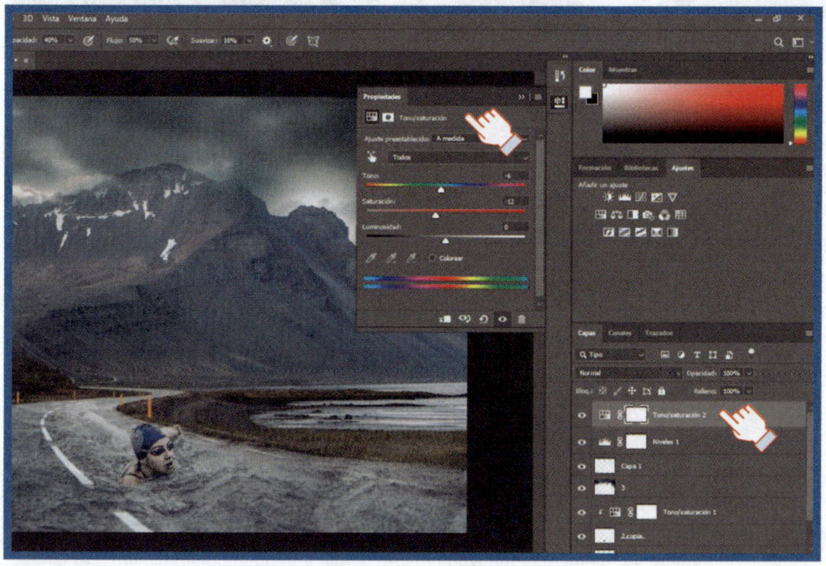

6 Para finalizar, hacemos una **Capa de Ajuste** de Tono y Saturación global para todo el trabajo; así podremos corregir la tonalidad de todas las capas. Para esto, desmarcamos el símbolo del cubo con la flecha en el menú inferior de la **Capa de Ajuste**, y modificamos la saturación y algunos detalles de todas las capas para tener un resultado más unificado.

Efecto de doble exposición

La doble exposición es una técnica fotográfica mediante la cual se capturan dos imágenes dentro de un mismo fotograma, para aportar un resultado muy artístico.
En este proyecto crearemos un efecto de doble exposición artificial que le dará mucho dinamismo y atmósfera a nuestra fotografía, brindándole un toque urbano con técnicas no destructivas mediante el uso de Capas de ajuste y Modos de fusión.

Parece difícil conseguir una doble exposición a partir de Photoshop sin obtener un resultado que afecte la calidad fotográfica; sin embargo, es muy sencillo hacerlo si le damos un tratamiento correcto a cada imagen por separado. Utilizando Mapas de Degradado con tonalidades fotográficas suaves y editando con los Filtros de Camera Raw, obtendremos un resultado elegante y profesional.

1 Nos dirigimos al menú superior, a la pestaña **Archivo**. Creamos uno nuevo (**Ctrl + O**) con los siguientes parámetros: **1080 px de ancho** por **1080 px de alto** y una resolución de **300 px**, de forma que nuestra imagen pueda ser utilizada en las principales redes sociales sin riesgos de perder definición. Es importante que la imagen esté en **RGB** para que tenga mejor calidad en medios digitales.

2 Adjuntamos la primera foto, dirigiéndonos a **Archivo/ Colocar Elementos incrustados**. El fondo de la imagen debe ser de color blanco, por lo que utilizaremos la herramienta de **Selección Rápida (W)** para crear una selección alrededor de la persona.

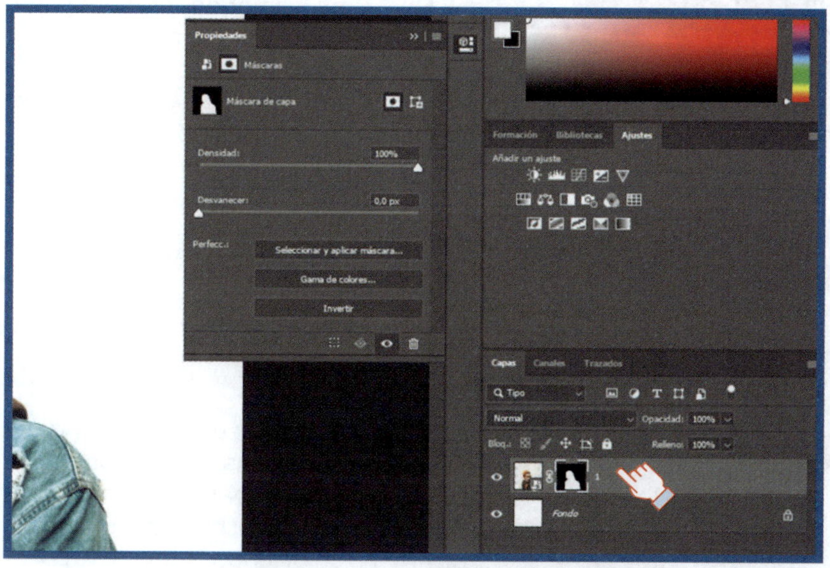

3 Pulsamos en el icono **Añadir máscara de capa** para eliminar el fondo y poder corregir cualquier imperfección utilizando las herramientas **Pincel (B)** y **Goma (E)**.

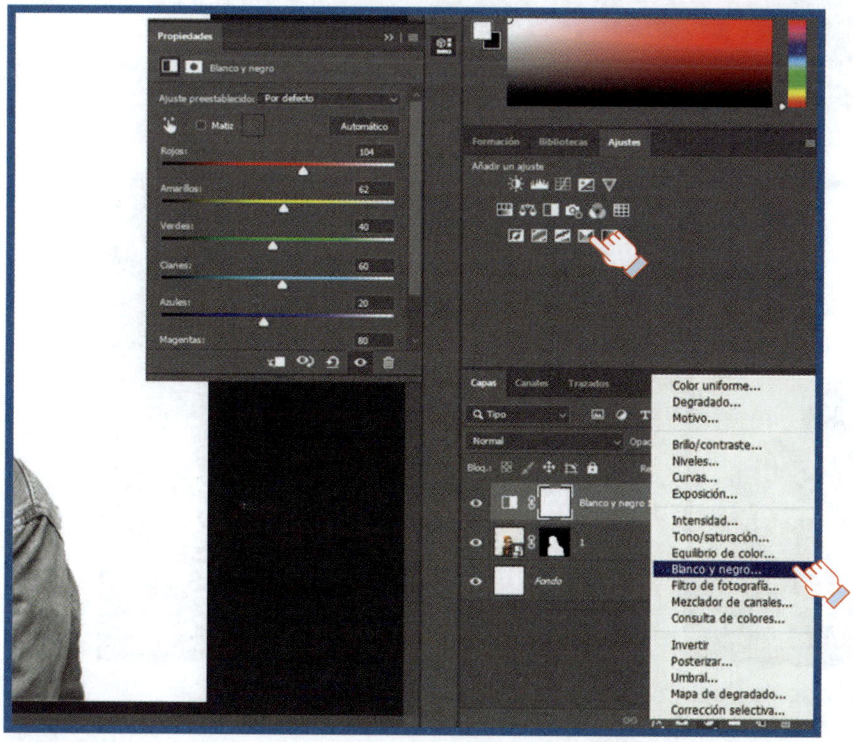

4 Generamos una **Capa de Ajuste** para pasar la imagen a **Blanco y Negro** y tener un completo control de esta conversión, ya que podemos utilizar los colores originales para regular los valores de luminosidad de la imagen. Por ejemplo, en caso de que necesitemos la piel más blanca, sabremos que tenemos que modificar los tonos amarillos y rojos del menú. Para hacerlo, vamos al icono del círculo blanco y negro en el Panel de Capas y elegimos la opción **Blanco y Negro**; se abrirá el menú de la capa.

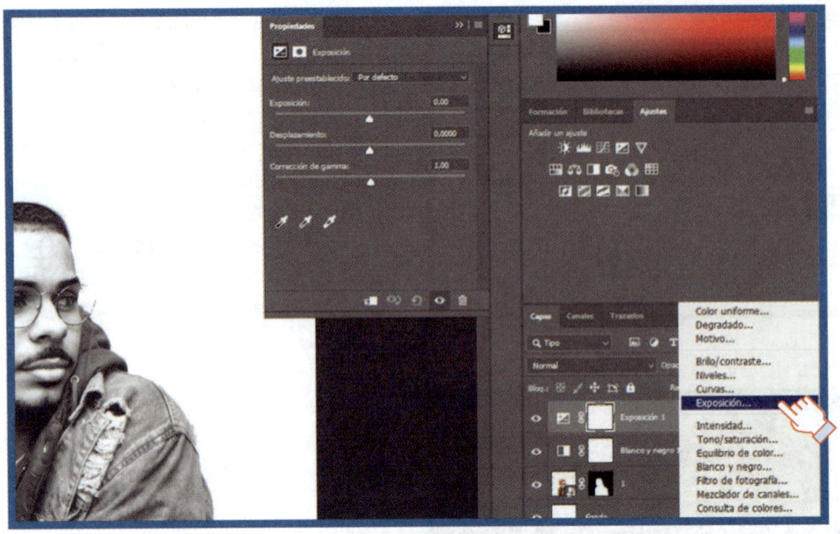

5 El próximo paso es agregar una **Capa de Exposición** de la misma manera que creamos la **Capa de Ajuste**, ya que más adelante nos servirá para controlar cómo se mezclan los píxeles de las dos capas. Vemos claramente cómo moviendo el cursor hacia la derecha en la imagen, predominarán los blancos, mientras que si lo hacemos hacia la izquierda, el valor de todos los píxeles pasará a negro.

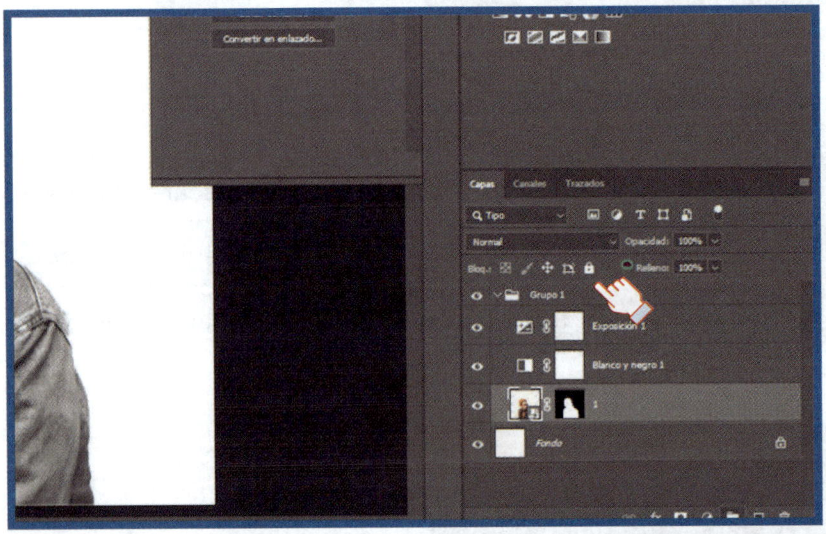

6 Creamos un grupo donde irán todas estas capas para trabajar de forma más organizada, haciendo clic en el icono **Nuevo Grupo**, que se encuentra en la parte inferior del panel de capas, y arrastrando cada una hacia el interior de la carpeta.

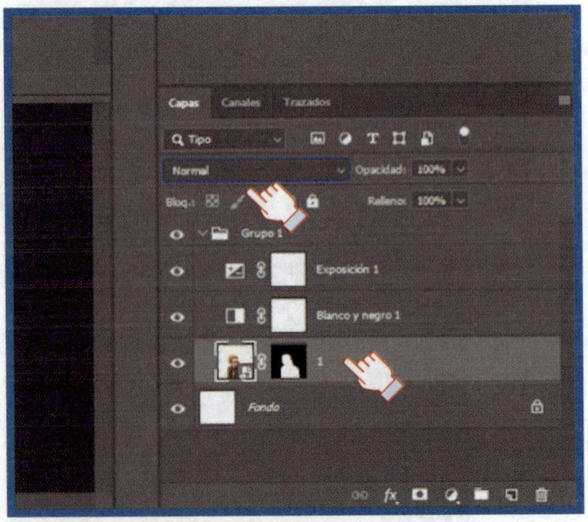

7 Nos aseguramos de que el **Modo de Fusión** de la fotografía esté en **Normal**, ya que será la imagen base de la doble exposición, es decir, la imagen predominante.

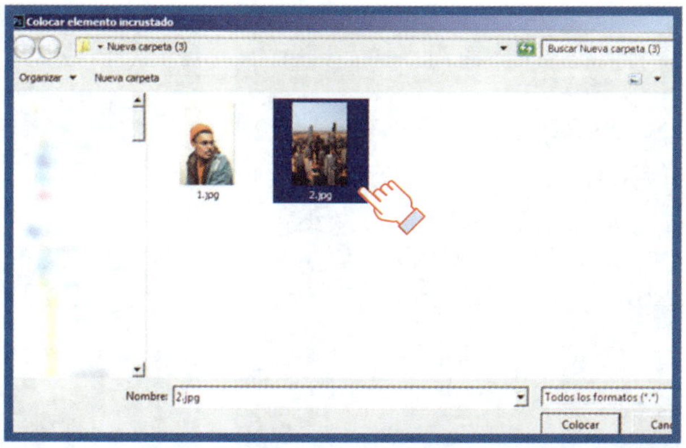

8 Colocamos la segunda imagen dirigiéndonos a **Archivo/Colocar Elementos Incrustados**. Verificamos otra vez que el fondo de la imagen sea de un color uniforme.

9 Presionando **Ctrl + T**, ubicamos esta imagen sobre la otra y ajustamos los tamaños para que ambas queden proporcionales.

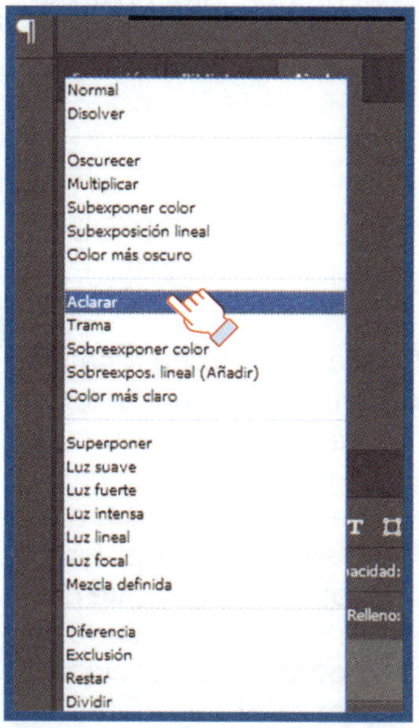

10 La capa de la ciudad necesita cierta transparencia para generar la doble exposición, por lo que vamos a los **Modos de Fusión**, en la parte superior del Panel de Capas, y cambiamos el **Modo Normal** al **Modo Aclarar**. De esta manera, Photoshop compara los píxeles y conserva los que sean más claros.

¿Cómo trabajan los Modos de Fusión?

Los modos de fusión son opciones para mezclar la información de píxeles de una capa superior con la que presenta la capa inferior, de forma que cree un efecto completamente diferente a la variación de opacidades o tonalidades de capa.
El programa nos presenta una amplia variedad de modos de fusión, cada uno con sus respectivos usos. En el caso de la función Aclarar nos permite fusionar ambas capas y resaltar únicamente los tonos claros de la imagen.

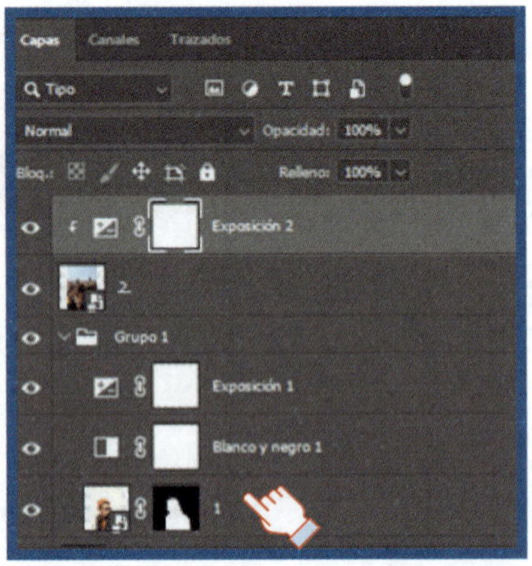

11 Creamos una nueva capa de **Exposición** haciendo clic en el icono del círculo. Es importante que, cuando se abra la ventana de capa, seleccionemos el símbolo del cuadrado con la flecha, que define si nuestra capa de ajuste afectará a todas las capas debajo de esta, o si la anclaremos a una única capa. Cuando hicimos las capas de ajustes anteriores, no importó el anclaje, ya que afectaban solo a las capas del fondo, pero ahora necesitamos proteger lo que está debajo.

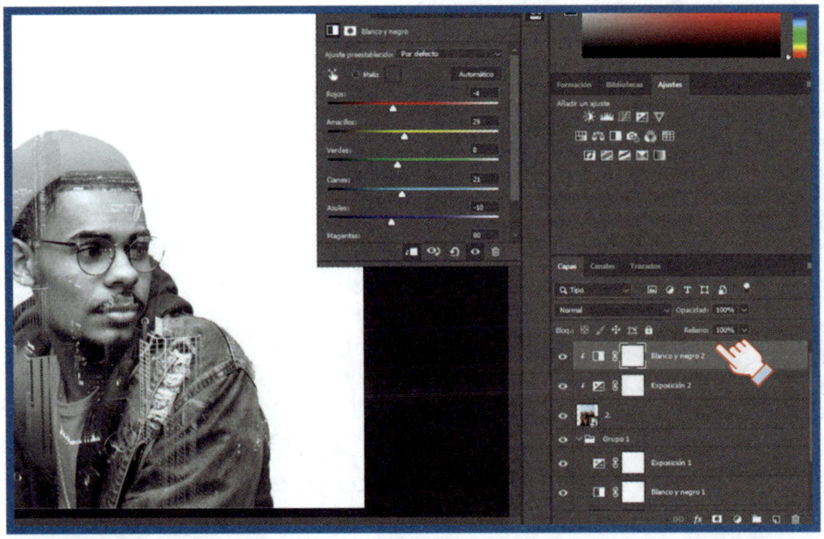

12 Hacemos otra capa de **Blanco y Negro**, teniendo en cuenta la manera en la que inciden los ajustes que realicemos en la combinación de ambas capas. Los píxeles más oscuros se volverán invisibles y dejarán pasar la imagen del fondo, mientras que los más claros van a preponderar en la imagen.

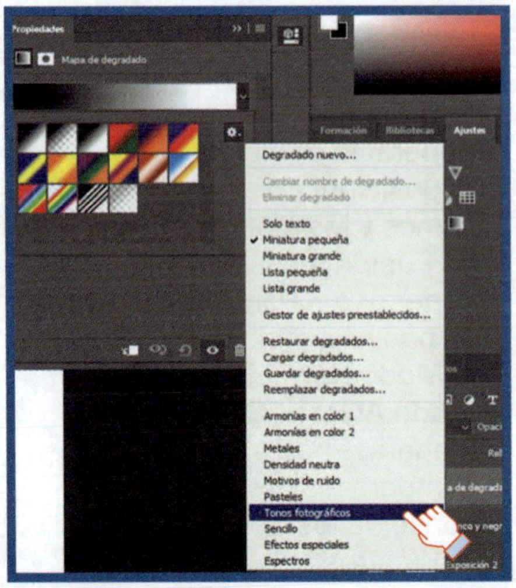

13 Para darle una tonalidad a la doble exposición, hacemos clic en una nueva capa de ajuste y seleccionamos **Mapa de Degradado**. Si pulsamos sobre el engranaje del menú de degradados, podremos seleccionar **Tonos Fotográficos.**

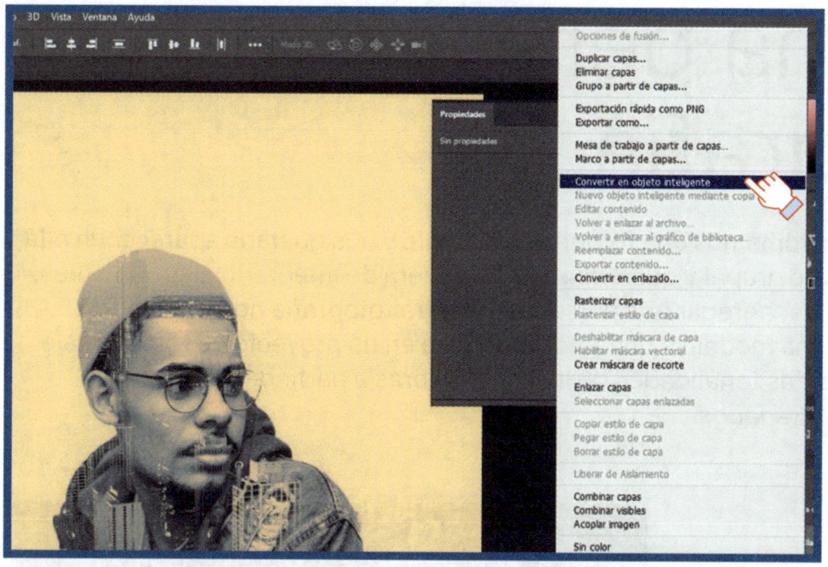

14 Con **Ctrl + Shift** seleccionamos la capa de la ciudad y sus capas de ajuste, y con un clic derecho, las convertimos en un objeto inteligente. Es posible que tengamos que volver a definir el Modo de Fusión en **Aclarar**, ya que vuelve a Normal de manera predetermina luego de convertirse en objeto inteligente.

15 Vamos a **Filtros/ Filtros Camera Raw** o presionamos **Mayus + Ctrl + A**, y en la parte de ajustes básicos, le damos mayor enfoque, más claridad y movemos la barra de **Borrar Neblina** para darle mayor tridimensionalidad a la imagen.

16 Encuadramos la imagen seleccionando todas las capas y presionando **Ctrl + T** para poder editar su tamaño, de forma que el diseño quede centrado. Por último podemos ir variando las opacidades de las capas del **Grupo 1** para ver cómo afecta el color al resultado final y definir por completo los contrastes.

Incluir a una persona en la fotografía

Muchas veces sucede que tomamos una fotografía increíble y nos gustaría aparecer en ella, o que falta alguien en la foto grupal y queremos ver la manera de integrarlo al grupo. Pues, al contrario de lo que parece, agregar una persona a nuestra fotografía no es tan difícil. En esta oportunidad agregaremos una modelo a una foto de paisaje en un proyecto de fotomontaje básico, y aprenderemos a equilibrar las tonalidades de luces y sombras a partir de las Capas de Equilibrio de Color y Curvas con Degradados.

Igualaremos los colores de una y otra fotografía equilibrándolos con Capas de Ajustes, y crearemos un efecto realista manipulando y produciendo sombras que ayuden a integrar la figura y el fondo. Es muy recomendable que, en el caso de la persona, no predominen los tonos blancos, ya que son los más complejos de igualar artificialmente en cuanto a iluminación, y también poder hacer una buena selección de perspectiva para conseguir un resultado natural y bien logrado sin mayores complicaciones.

1 Creamos un nuevo documento seleccionando las pestañas de **Archivo/ Nuevo (Ctrl + N)**; especificamos un tamaño de **1920 px** de ancho, **1280 px** de alto y una resolución **de 300 dpi**, de modo que generemos un archivo de calidad para poder usar como wallpaper o imprimir en gran detalle.

2 Colocamos la foto base en la que queremos que se integre nuestro personaje dirigiéndonos a **Archivo/Colocar Elementos Incrustados**, y acoplamos la imagen con el fondo para no tener tantos elementos aislados, presionando **(Ctrl+E)** y combinando ambas capas.

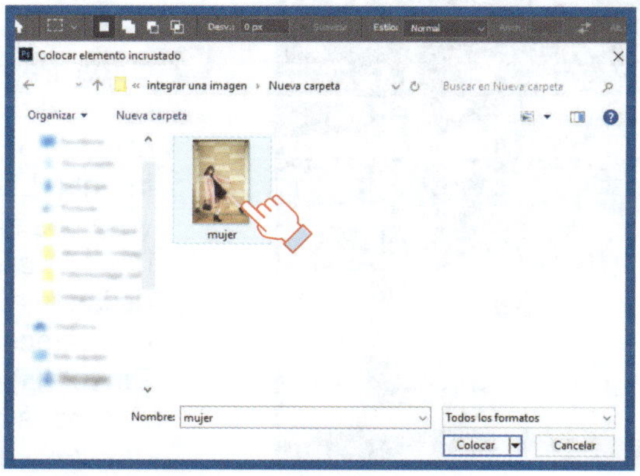

3 Importamos la foto del personaje que queremos integrar a la composición de la misma manera: **Archivo/Colocar Elementos Incrustados**.

4 La ubicamos proporcionalmente en el paisaje mediante la herramienta de **Transformación Libre**, presionando **Ctrl + T** y manteniendo **Mayus** para proteger la proporción de la imagen. En este caso podemos tener en cuenta las dimensiones de la bicicleta del fondo para calcular el tamaño correcto que debe tener la modelo; bajando la **Opacidad** a un **70%** podremos ver bien las medidas y comparar cómo se ve la composición detrás de la figura.

5 Seleccionamos a la mujer para recortarla utilizando la herramienta de Selección Rápida. Para esto, presionamos el botón derecho sobre **Herramienta de selección rápida** y usamos la **Varita (W)**.
Hacemos clic en la imagen que queremos seleccionar para extraer a la mujer. Luego volvemos a la **Herramienta de selección (W)**, apretando **Shift + clic** para sumar a nuestra selección original partes de la selección que no haya interpretado la Varita. Cuando tenemos lista la selección, la invertimos con **Ctrl + Shift + I** o haciendo clic derecho en **Seleccionar Inverso**.

6 Acto seguido, añadimos una **Máscara de Capa.** Para esto, vamos al sector inferior derecho del Panel de Capas y seleccionamos el icono del rectángulo con el círculo en su interior. Luego de añadir la máscara de capa, veremos el recorte de la silueta hecho, pero hay que perfeccionarlo para arreglar detalles de las telas o del cabello que hayan quedado mal seleccionados. Para hacerlo, utilizamos el **Pincel (B)** en negro o la **Goma (E)**, y así, con los trazos haremos aparecer o desaparecer detalles en la selección, respectivamente.

7 Lo primero que haremos será modificar la iluminación de la modelo, de modo que se asemeje a la del paisaje. A la hora de elegir la fotografía del personaje que vamos a incluir, es importante tener en cuenta sus colores, ya que, en caso de que la persona vaya vestida de blanco, resultará muy difícil equilibrar los colores, aunque no, imposible. Para manipular la iluminación, creamos una **Capa de Ajustes de Niveles**, yendo al menú de capas y seleccionando el icono del círculo. Una vez elegida la opción de niveles, se abrirá un menú donde podremos manejar los negros y los blancos de la imagen según nuestras necesidades.

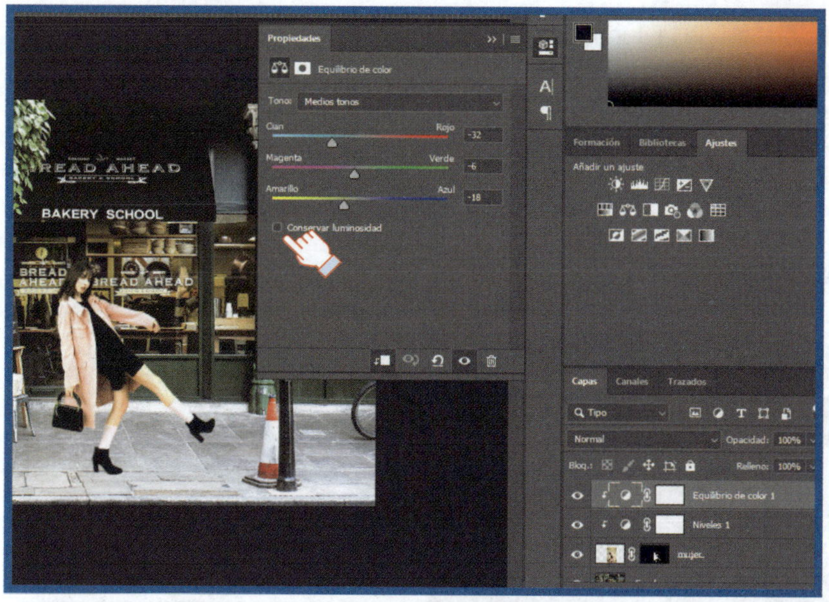

8 Una vez elegida la iluminación, pasaremos a modificar la temperatura, de manera que se adecue a los requerimientos de la imagen base. Para esto, abrimos una nueva capa de ajuste, esta vez, de **Equilibrio de Color**, y desmarcamos la opción **Conservar luminosidad**, para poder tener un mayor control de los colores. De manera predeterminada, estará la opción de modificar medios tonos, así que, con cuidado, vamos moviendo las flechas para que la imagen adquiera la tonalidad del paisaje.

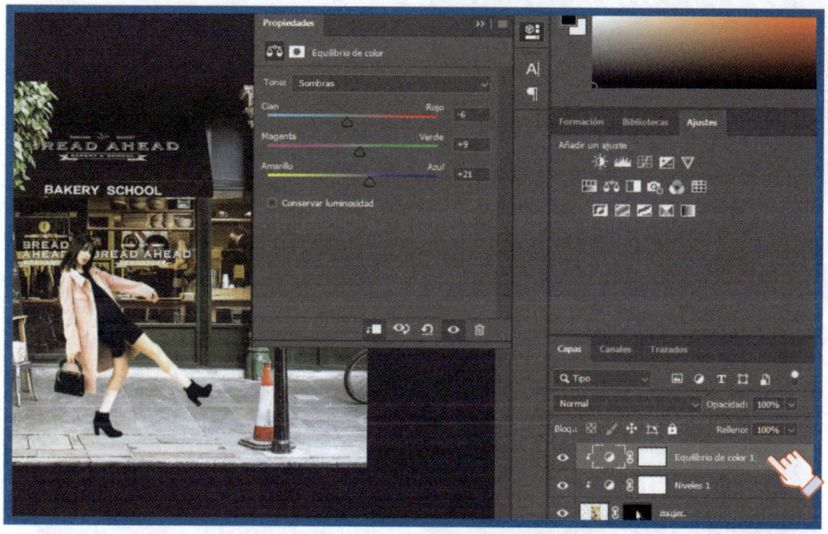

9 Luego hacemos clic en la ventana de **Tonos:Medios Tonos** y cambiamos la opción a **Sombras**, de manera que manipularemos la tonalidad de los oscuros para que sean más similares al fondo. Elevamos los niveles de azul con el fin de que predominen sobre los amarillos, y deslizamos un valor de 9 hacia el verde.

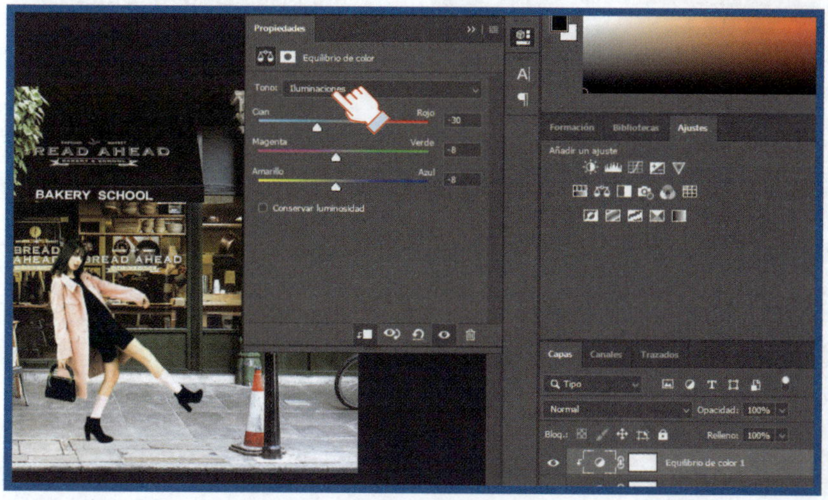

10 Hacemos lo mismo con la iluminación, yendo al menú desplegable **Iluminaciones** y especificando un mayor valor de cian, ya que las luces de la foto son bastante frías.

En este punto debemos controlar la claridad de la iluminación y ver que la saturación de los colores de la foto base coincida con la imagen que estamos trabajando. En este caso tendremos que bajarle un poco la saturación y subirle la iluminación, para que la imagen quede más clara sin que los blancos resalten tanto como lo harían con una manipulación de Niveles. Para lograrlo realizamos los siguientes pasos:

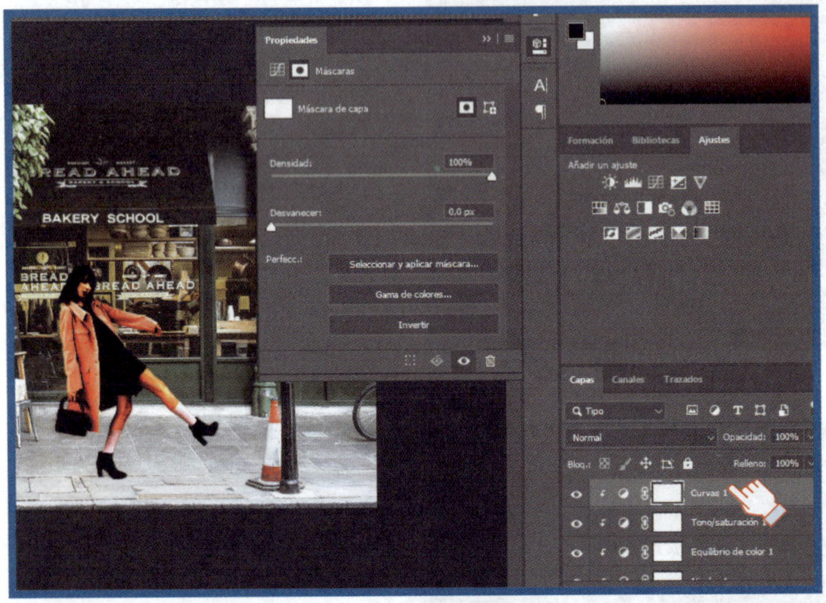

1 Por el momento, los colores están demasiado planos y necesitamos darle una mayor oscuridad a la parte inferior de la modelo. Para lograrlo, crearemos una **Capa de Ajuste de Curvas** entre las capas de Niveles y Equilibrio de color, para oscurecer la imagen por completo.

2 Una vez oscurecida la imagen, debemos crear un degradado. Para hacerlo, nos aseguramos de que nuestros colores por defecto sean Negro y Blanco, y seleccionamos la herramienta **Degradado** del Panel de herramientas. Es importante que nuestro degradado sea **Lineal** y que vaya del Negro al Transparente, así que ajustaremos todas las opciones en el menú de Degradados.

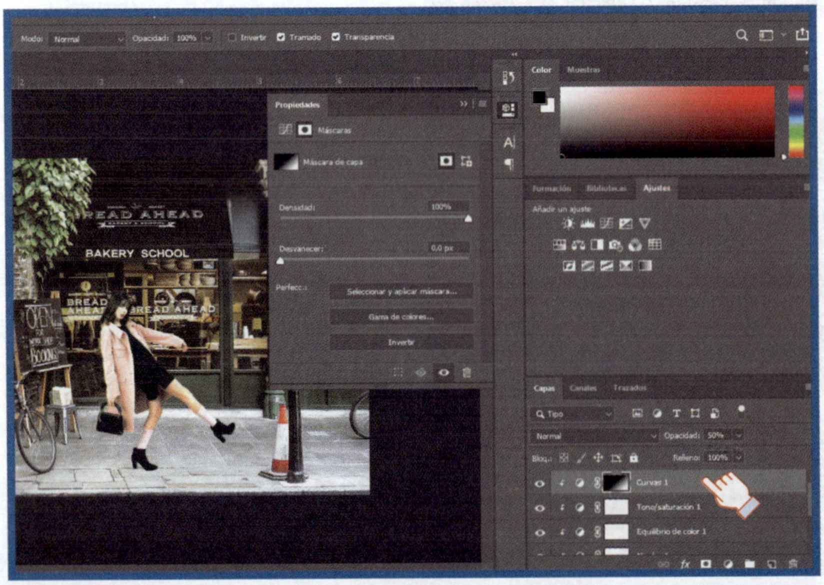

3 Hacemos clic sobre la máscara de capa de nuestra **Capa de Ajuste de Curvas**, de modo que lo que hagamos se vea reflejado únicamente en las modificaciones que nos proporciona, y trazamos un degradado que imite la zona de luz y sombras de la fotografía original. Esta zona de luz podemos observarla imitando las ruedas de la bicicleta; así vemos la dirección en la que están iluminadas y en la que se proyectan las sombras.

4 Añadiremos ruido a la imagen para imitar la textura de la foto. Haciendo zoom para ver en detalle el rostro de la modelo, vamos a **Filtro/Ruido/Añadir Ruido** y ponemos un valor del **3%**.

5 Si no añadimos una sombra en la parte inferior, lógicamente veremos a la mujer como si estuviera flotando, por lo que debemos empezar a crear sombras. Por un lado, hacemos una capa nueva y, con la **Varita (W)**, seleccionamos la silueta de la modelo. Por el otro, utilizamos el **Gotero (I)** para seleccionar el color negro más oscuro de la foto y usarlo para pintar toda la silueta.

6 Con **Ctrl + T** podemos ubicar la silueta en donde queramos que se proyecte la sombra de la modelo y, manteniendo presionado **Ctrl**, deformamos la imagen, por lo que los nodos inferiores irán ubicados sobre los pies de la modelo, y los superiores, proyectados al suelo a la distancia que consideremos prudente. Recordemos que la Capa Sombra debe estar debajo de la capa de la modelo, para no tapar la imagen.

7 Para que se vea como una sombra real, necesitamos difuminar un poco los bordes y que no se vea tan rígida. Vamos a **Filtros/ Desenfoque/Desenfoque gaussiano** y le damos a la capa sombra un desenfoque de **5 píxeles.**

8 Bajamos la opacidad de la capa a un **30%** y cambiamos su modo de fusión a **Multiplicar**, para que se vea como una sombra mucho más realista.

9 Las sombras no son totalmente homogéneas, por lo que, con la goma de borrar en una **Opacidad** del **10%** y en una dureza blanda, vamos borrando las zonas más alejadas de la modelo para darle los toques finales.

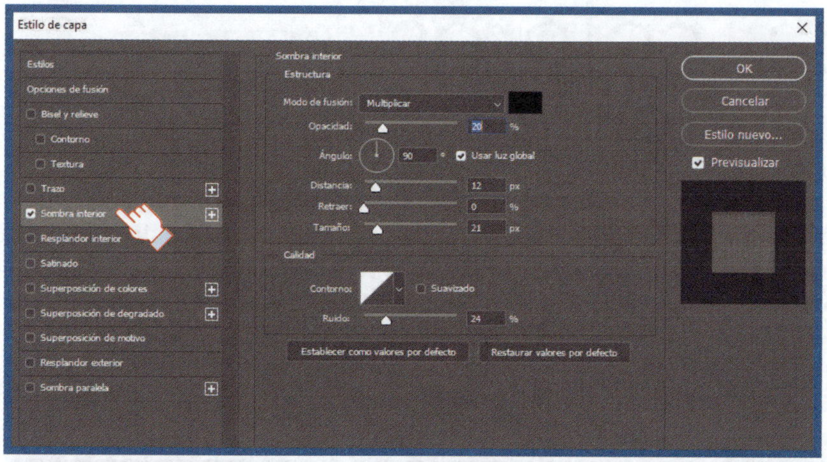

10 Para que los bordes de la imagen dejen de parecer planos, vamos a la capa de la chica y, con clic derecho, seleccionamos las **Opciones de Fusión/ Sombra interior**. Ajustamos según el punto de luz para que se haga un borde de sombra alrededor de toda la silueta y le otorgue una mayor profundidad.

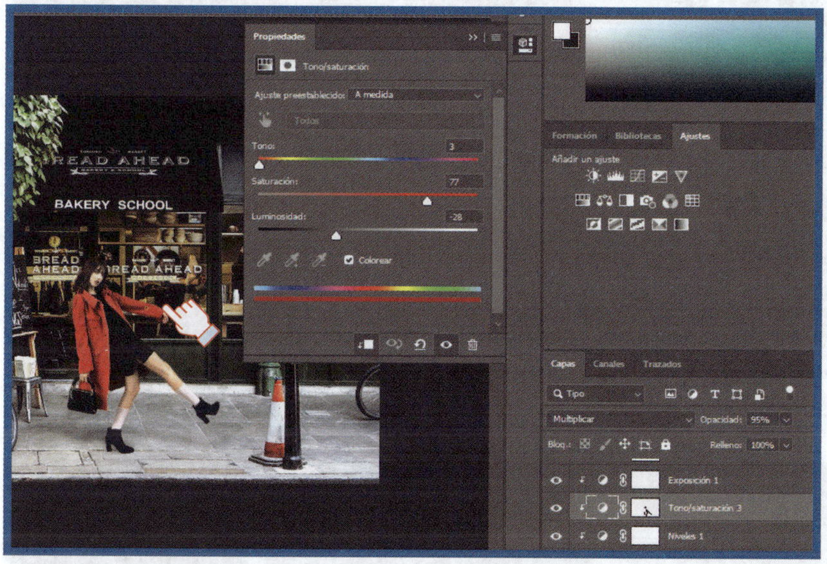

11 Como opcional, podemos cambiar los colores de la ropa o los accesorios de manera que combinen con la paleta cromática de la fotografía. En este caso, coloreamos el tapado de la chica de un tono similar al que tiene el cono de tránsito de la imagen, creando a partir de la selección del tapado una **Capa de Tono/Saturación** y marcando la opción de **Colorear** para elegir los tonos que queramos.

12 Como paso final, hacemos una **Capa de ajuste** que abarque la imagen completa y vamos modificando el contraste y la iluminación hasta que la modelo quede completamente integrada en la imagen.

Reemplazar colores

Hay muchas formas de sustituir un color en Photoshop, algunas más complejas que otras, pero todas indispensables a la hora de conseguir un tono bien logrado que se adapte a nuestras necesidades. En esta ocasión veremos los métodos más sencillos y eficaces, para poder retocar fácilmente cualquier tonalidad indeseada en nuestras fotografías sin mucho trabajo y con excelentes resultados. Utilizaremos herramientas como Color Uniforme, Tono/Saturación y Reemplazar Color, y aprenderemos en qué casos es mejor aplicar cada una, crearemos capas de ajuste y editaremos sobre máscaras vectoriales de manera eficaz para conseguir un trabajo realista y cambios de color radicales.

Trabajaremos a partir de la foto de un vehículo y editaremos sus colores completamente. Veremos cuáles son las herramientas de las que disponemos para manipular colores planos, degradados o con demasiadas texturas, como en el caso de la pared y la grava. Las opciones son varias, pero conocer todas las alternativas nos brinda una mayor practicidad a la hora de editar.

Es recomendable que para este trabajo elijamos una foto que tenga variedad de colores y que nos percatemos de ver distintas complejidades cromáticas. En este caso vemos el vehículo sin mucho contraste, pero el asfalto tiene unos degradados complejos, y los ladrillos, si bien siguen una misma tonalidad, son muy diferentes entre sí.

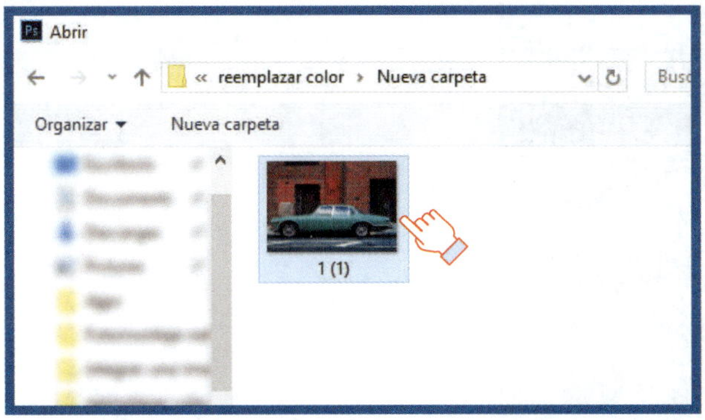

1 Como primer paso para cualquier trabajo de edición debemos importar la foto que queremos editar dirigiéndonos a la pestaña **Archivo** en la esquina superior izquierda y seleccionando **Abrir (Ctrl + O)**.

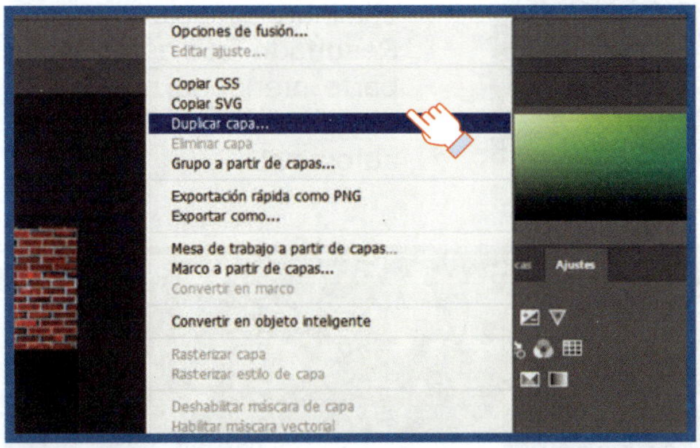

2 El primer método es recomendado para casos en los que no haya demasiado degradado de tono o zonas con variedades cromáticas muy complejas, por lo que modificaremos el color del vehículo, que es el que menos cambios de tonalidad tiene. Para comenzar, copiamos la capa del fondo para evitar una manipulación destructiva de la imagen. Utilizamos el atajo **Ctrl + J** o hacemos clic derecho y elegimos **Duplicar Capa**.

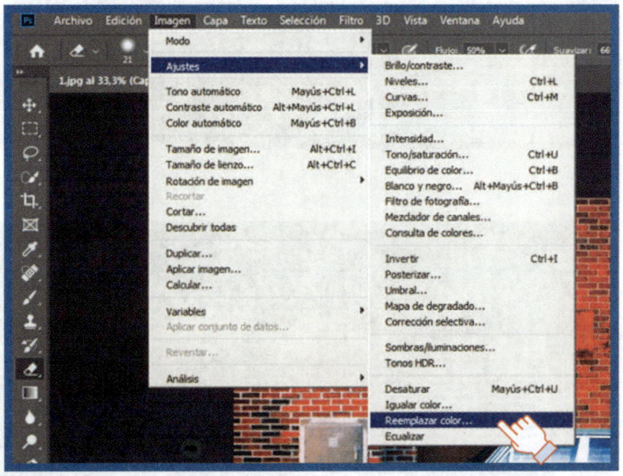

3 Nos dirigimos al menú superior **Imagen/ Ajustes/Reemplazar Color**.

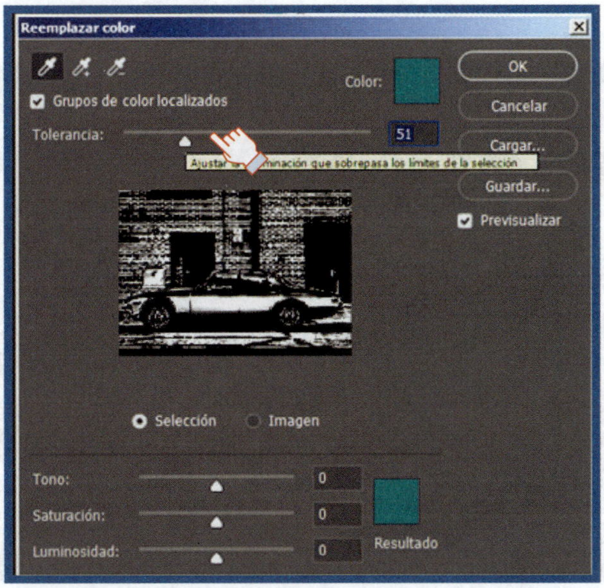

4 Se abrirá un menú nuevo con tres goteros, que nos servirán para elegir el color que deseamos reemplazar y el nivel de **Tolerancia** para predefinir si queremos que abarque más o menos tonos de la selección. Es importante que tengamos marcado el modo **Selección** y no Imagen, ya que el último modificaría la totalidad de la fotografía, y no solo el área que queremos sustituir. La primera opción nos permitirá variar el tono seleccionado; la segunda, controlar la saturación; y la tercera, manipular la iluminación.

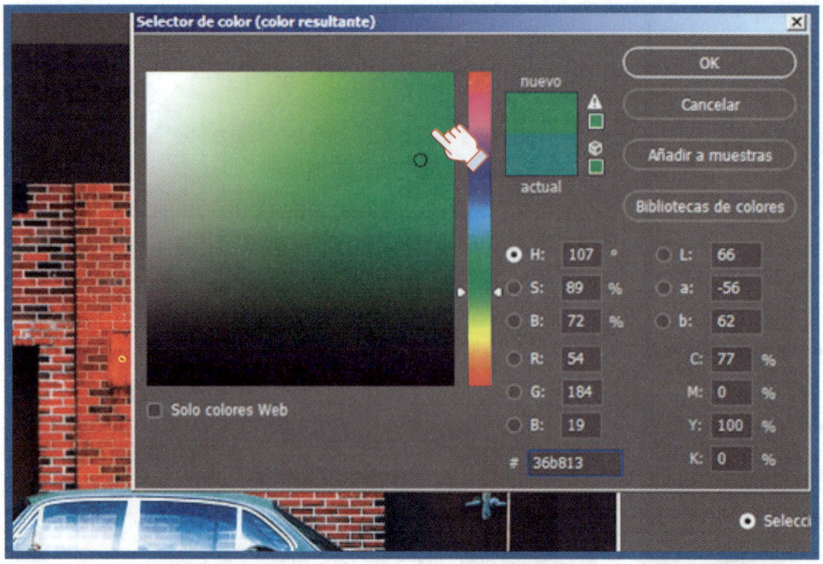

5 Una vez seleccionado el color que queremos eliminar, vamos al color de **Resultado**, que está en la parte inferior del menú, y elegimos el nuevo color del automóvil.

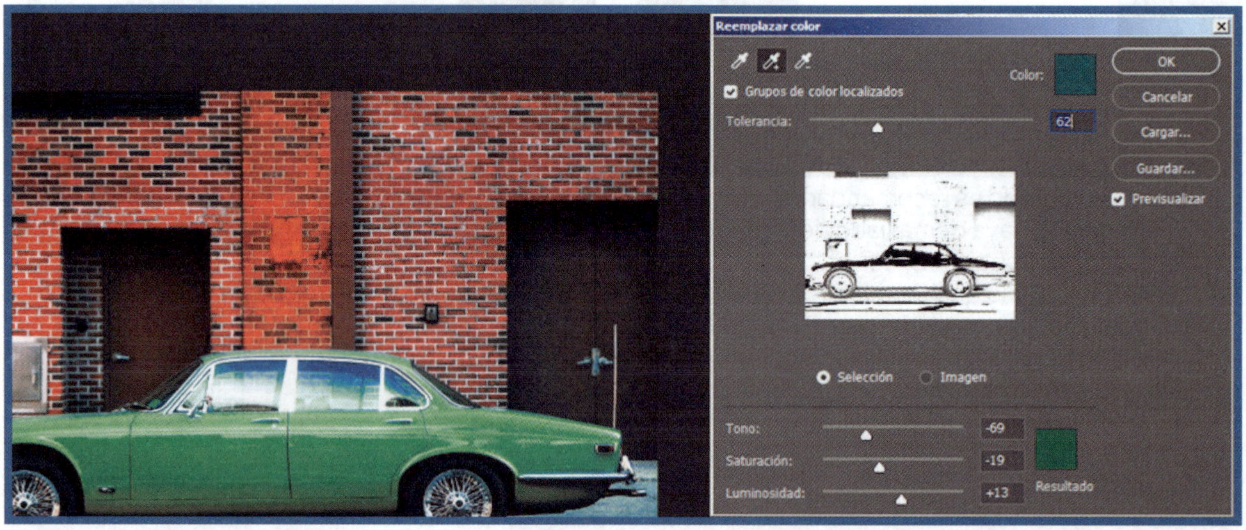

6 Veremos que no se hace una selección perfecta, por lo que con el **Gotero** que tiene el **símbolo +** vamos seleccionando las zonas que quedaron fuera, y con el **Gotero en –**, eliminamos las que sobran.

7 Hacemos zoom en la zona que queremos modificar para tener una mejor visión, con lo cual seleccionamos la lupa de la barra de herramientas o simplemente presionamos la **tecla Z**.

8 Seleccionamos el área que vamos a colorear con cualquiera de las herramientas de selección; en este caso utilizamos la **Selección rápida** presionando la tecla **W**, ya que es mucho más intuitiva de manejar que la **Varita** y más rápida que el **Lazo.** No importa que la selección no sea perfecta, dado que nos encargaremos de los detalles más adelante.

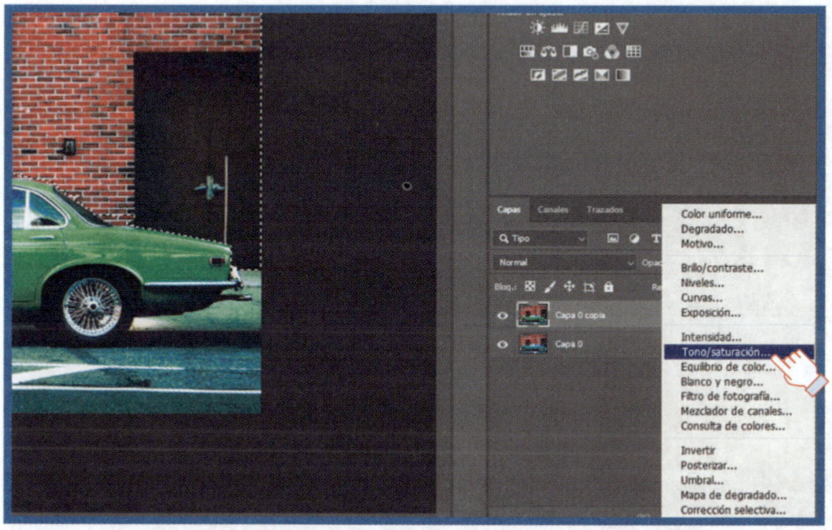

9 Necesitamos generar una capa de Tono/Saturación, y lo hacemos dirigiéndonos al panel de Capas y haciendo clic en la opción **Capa de relleno o ajuste**, cuyo icono se encuentra en la parte inferior del menú y tiene la forma de un círculo dividido en diagonal blanco y negro. Al hacerlo, se abrirá un menú desplegable, del que seleccionamos la opción **Tono/Saturación.**

10 En el Panel de **Tono/Saturación** encontraremos la opción de **Colorear**, que nos permite pintar sin eliminar información de la imagen. La barra de Tono cambiará el color predominante de la selección; la de Saturación, su intensidad; y la de Luminosidad, la cantidad de luz y sombra.

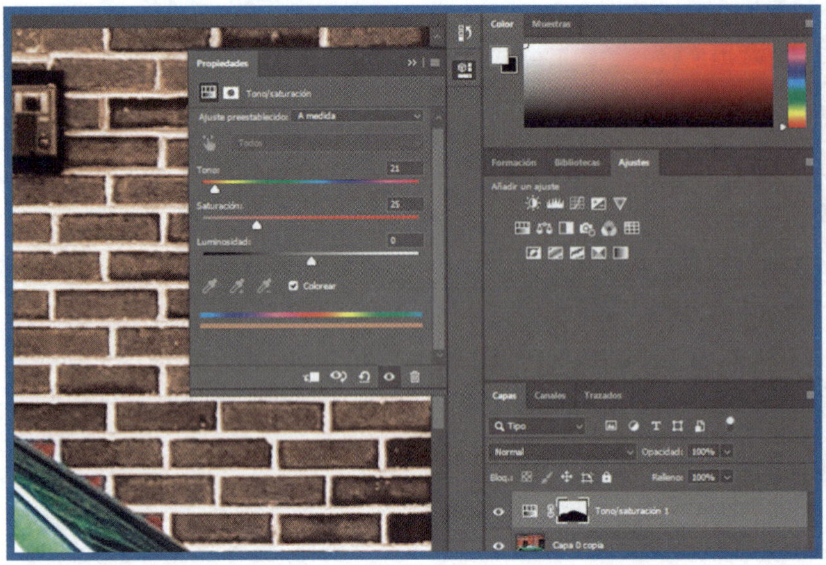

11 En caso de que hayan quedado zonas desprolijas, hacemos clic en la parte de máscara vectorial de la capa de **Tono/ Saturación** y, con el **Pincel (B)** y la **Goma (E)**, borramos y agregamos zonas de la selección fácilmente.

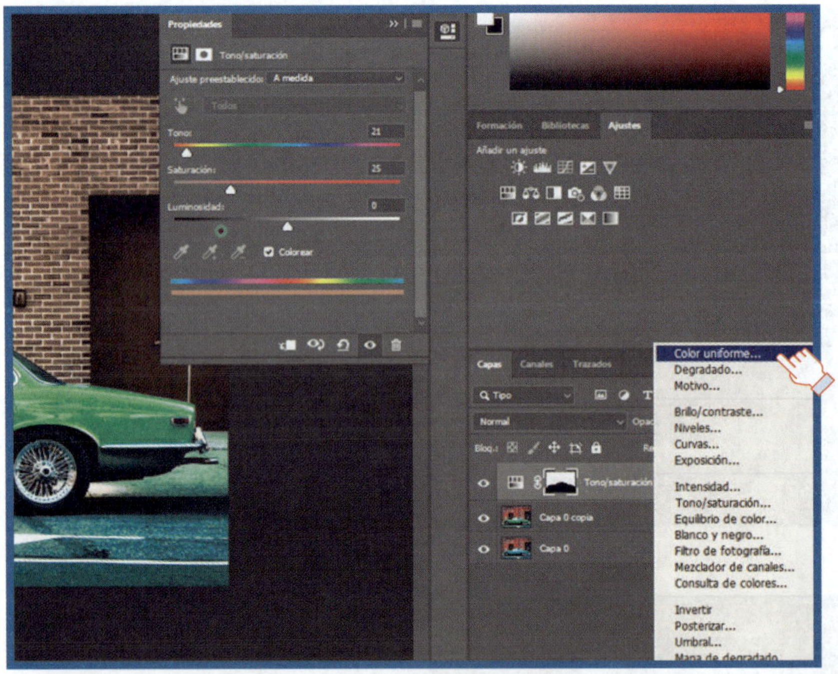

12 El último paso será aplicar el **Color uniforme**. Creamos un tono que se fusione con la imagen misma y cambie su color. Para esto, lo primero es crear una capa de ajuste de **Color Uniforme** haciendo clic en el mismo icono que habíamos usado para hacer la capa de **Tono/Saturación**. Se abrirá un panel para seleccionar el color que fusionaremos.

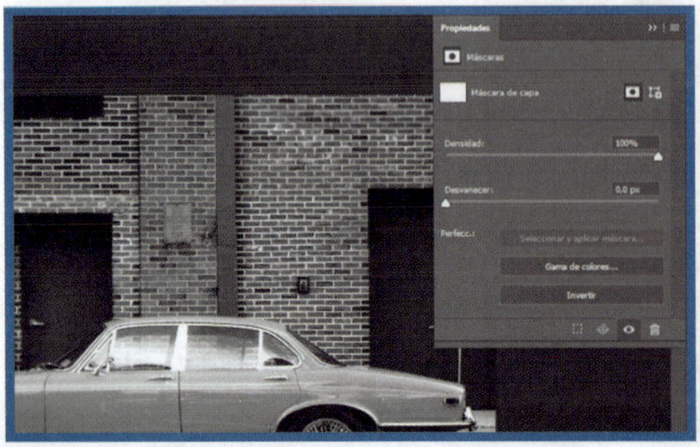

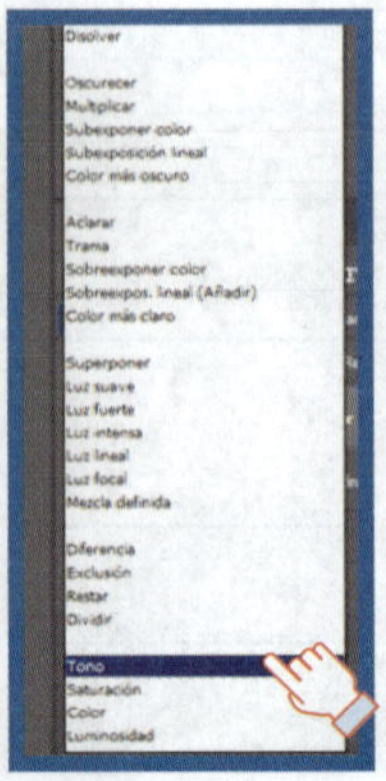

13 Una vez seleccionado el color, vamos a los modos de fusión de la capa, en el menú superior del panel, y cambiamos de **Normal** a **Tono**. Veremos que el color elegido se fusiona con el resto de la imagen.

14 Como no queremos que esto afecte la totalidad de la imagen, hacemos clic en la **Máscara Vectorial** de la Capa de Ajuste y, utilizando la herramienta **pincel (B)** en negro, vamos borrando las zonas que no necesitamos tener coloreadas.

15 El paso final es bajar la **Opacidad** de la capa a **40%** para que el acabado deje de ser un color tan artificial y se mezcle perfectamente con los tonos originales de la fotografía.

Cómo suavizar imperfecciones

La posibilidad de editar imperfecciones y lunares en la piel es uno de los objetivos más buscados por todos aquellos que quieren iniciarse en el uso de Photoshop. La capacidad de retocar el cutis nos da un gran abanico de opciones, ya sea eliminar pecas, quitar cicatrices o, incluso, rejuvenecer una fotografía, y conseguirlo es mucho más fácil de lo que se cree gracias a la variedad de herramientas que nos ofrece el programa.
Aprenderemos a utilizar la herramienta Parche para emparchar grandes superficies de piel con un resultado muy realista, y también difuminaremos lunares de modo sutil gracias a las Máscaras Vectoriales y el Desenfoque Gaussiano.

Dependiendo de las circunstancias, a veces no queremos eliminar por completo algunos detalles del cutis de una modelo, como pueden ser la presencia de pecas o algún lunar característico de la persona, ya que sería muy obvia la aplicación de un retoque. Por eso, en esta oportunidad aprenderemos, por un lado, a emparchar zonas grandes y sin riesgos de tener resultados artificiales, y por el otro, a difuminar imperfecciones sin hacerlas desaparecer del todo, pero evitando que tengan protagonismo en la toma.

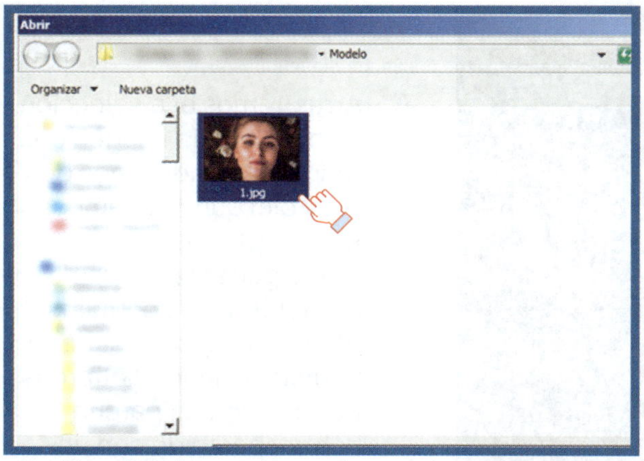

1 Nos dirigimos al menú superior, a la pestaña **Archivo**, y abrimos la foto que queremos editar haciendo clic en **Abrir** y dando **Ok** una vez que la encontramos en el equipo.

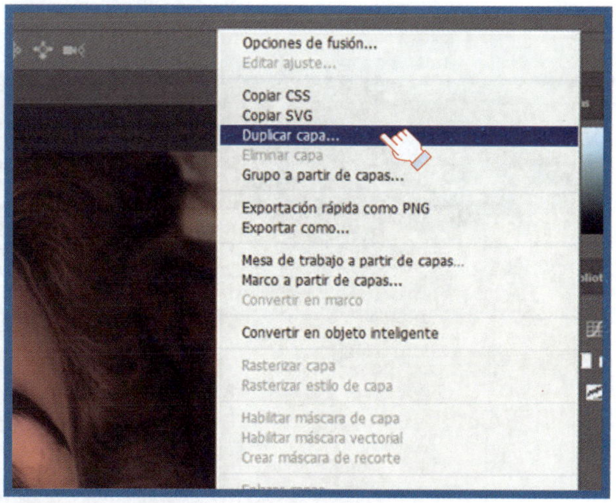

2 Creamos una copia de la capa, dirigiéndonos al menú de Capas y haciendo clic derecho en **Duplicar**, o utilizando el atajo **Ctrl + J**, para trabajar más cómodos sin riesgos a afectar la fotografía original.

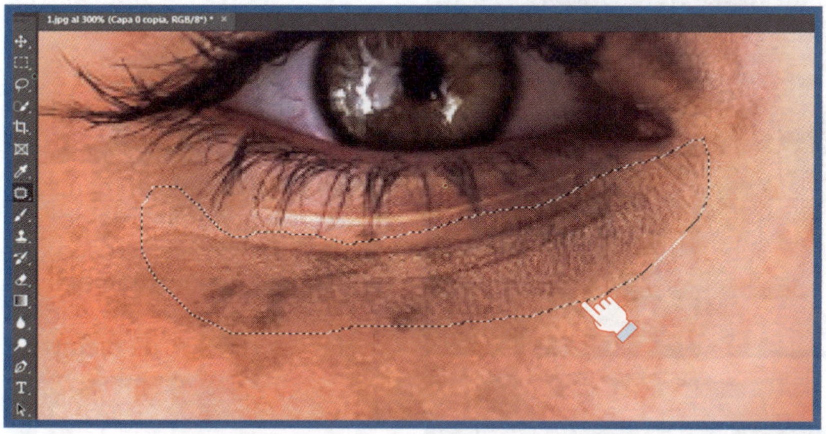

3 El primer paso es eliminar las ojeras, y lo haremos muy fácilmente gracias a la herramienta **Parche.** Con ella, dibujamos una selección de la ojera; es muy importante evitar las pestañas, ya que toda el área de la selección se verá afectada.

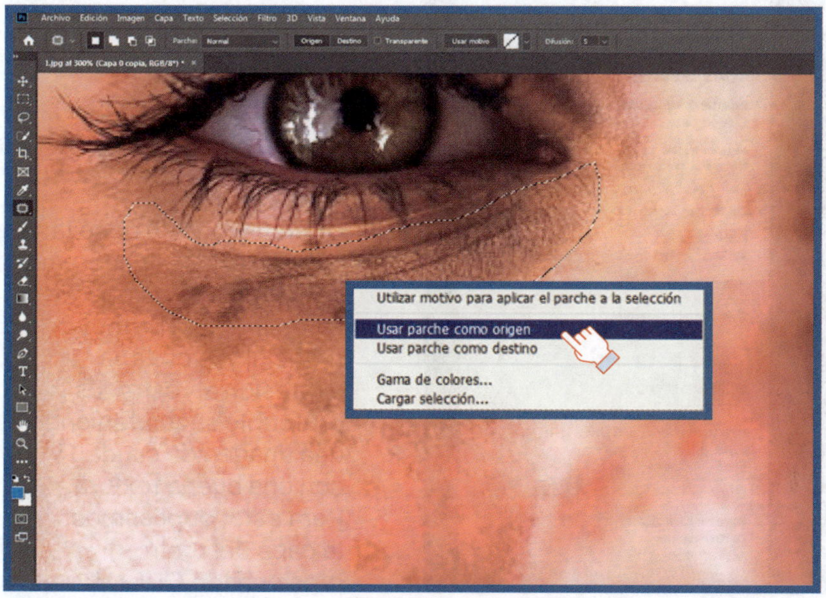

4 Haciendo clic derecho, utilizamos la opción **Usar parche como origen**, lo que definirá la zona donde vamos a trabajar.

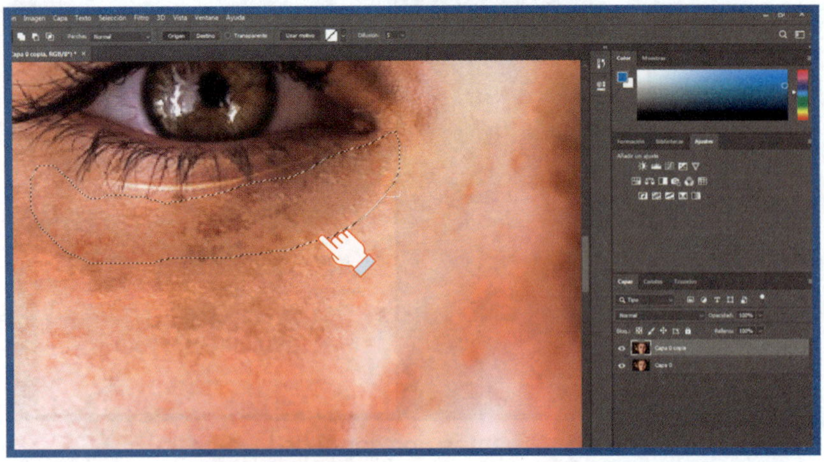

5 Arrastramos esa selección a un área de la imagen que tenga las condiciones de luz y piel que deseemos que tengan las ojeras. Por lo general, utilizamos el sector de los pómulos para obtener un resultado realista. Cuando soltamos la selección, el parche habrá aparecido con un resultado muy natural.

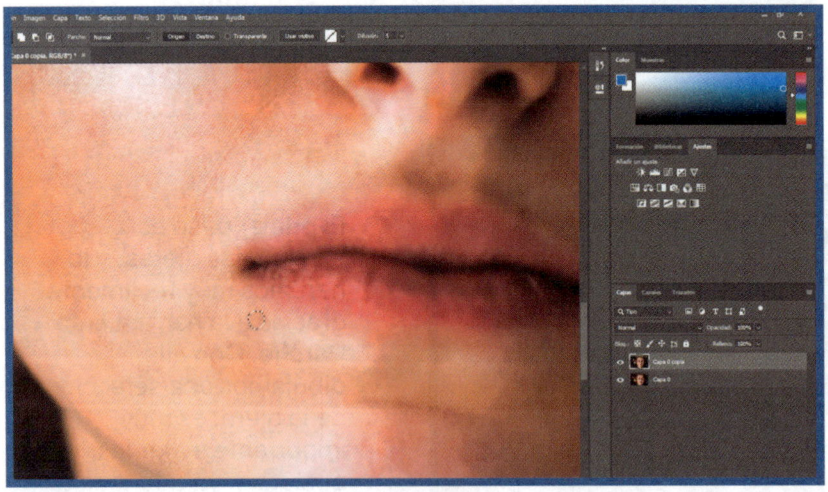

6 Del mismo modo podemos eliminar cualquier mancha o arruga prominente de la modelo. En este caso, emparcharemos también el lunar que tiene junto a los labios, a modo de ejemplo.

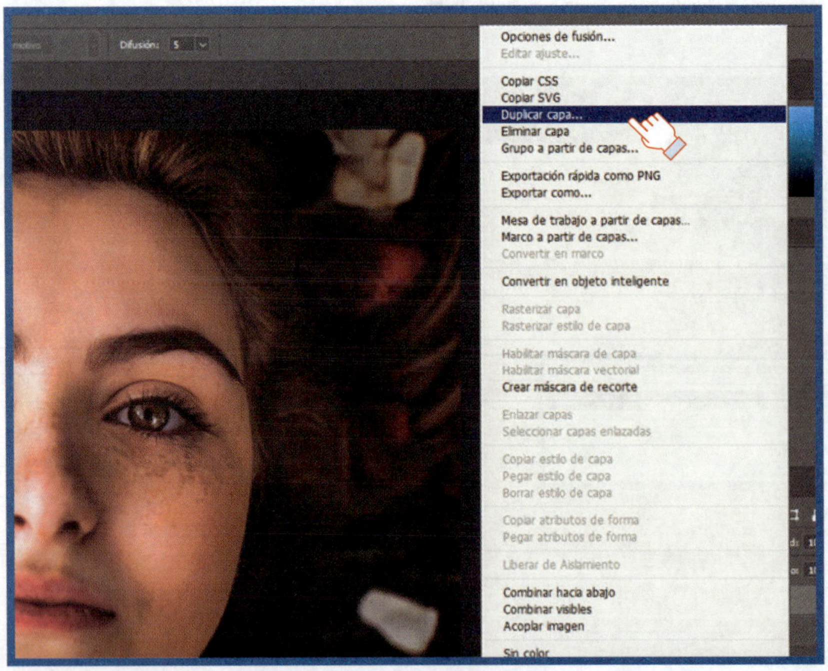

7 Difuminamos un poco las pecas. No las eliminaremos por completo, ya que el resultado sería muy artificial y le quitaría expresión al rostro. Es preferible seguir teniendo una imagen de calidad y con una buena textura. Para esto, duplicamos la capa del rostro presionando **Ctrl + J**.

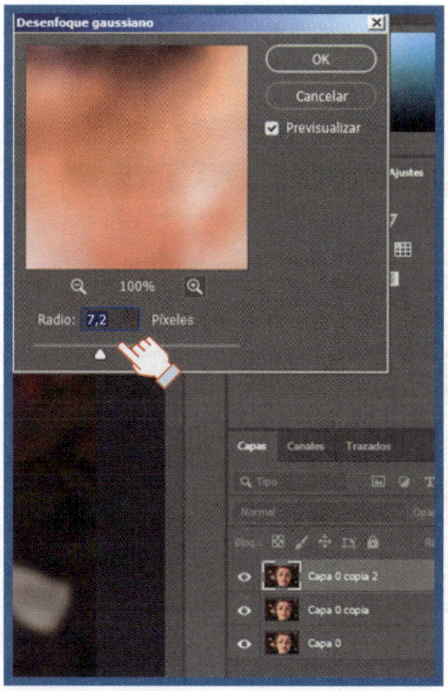

8 Vamos al menú **Filtros/ Desenfoque/Desenfoque Gaussiano** y asignamos un radio de **10 píxeles**. No nos preocupemos por ver borrosa la imagen, ya que más adelante definiremos qué áreas queremos desenfocar y cuáles no.

9 Con un clic en el icono del rectángulo con el círculo en el interior, creamos una nueva **Máscara Vectorial** sobre toda la foto desenfocada. Presionamos **Ctrl + I** para invertir la selección de la máscara, con lo cual veremos que desaparece por completo y, en el panel de Capas, se ve la máscara totalmente negra.

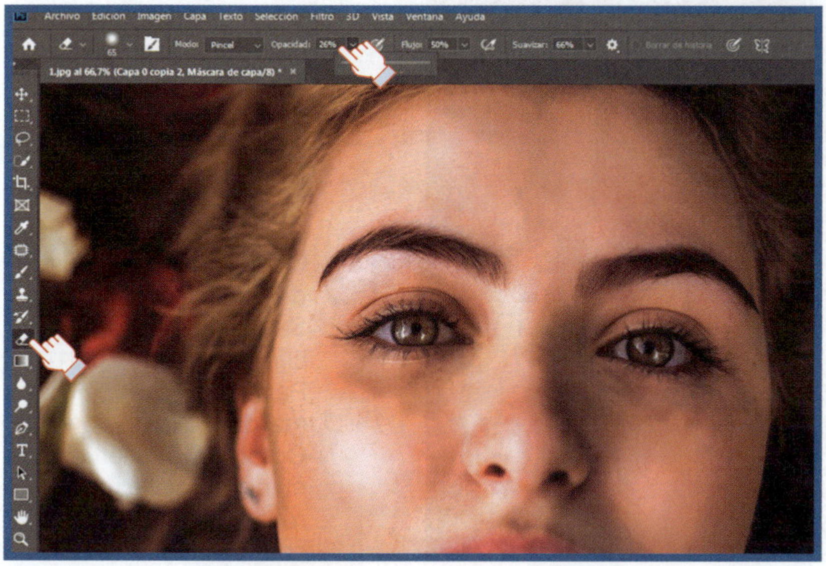

10 Utilizando la herramienta **Goma (E)** sobre la máscara vectorial con una dureza baja y un tamaño considerable, hacemos "aparecer" la capa desenfocada que habíamos ocultado, solo pintando las zonas donde más pecas tiene la modelo. Es importante que la opacidad de la goma no supere el **30%**, de modo que podamos controlar bien el resultado final.

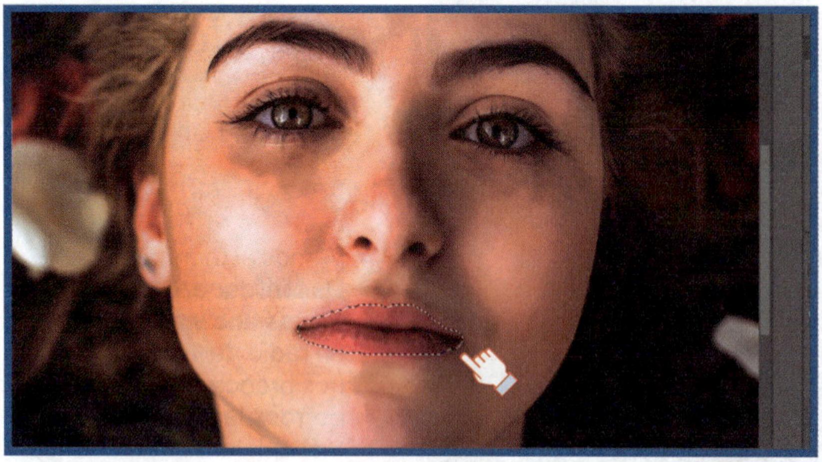

11 Pasaremos a darle un poco de color al rostro para que los labios y las mejillas se vean más jugosos y rosados. Para esto, hacemos una selección de los labios de la modelo utilizando la herramienta **Lazo** o **Selección rápida.**

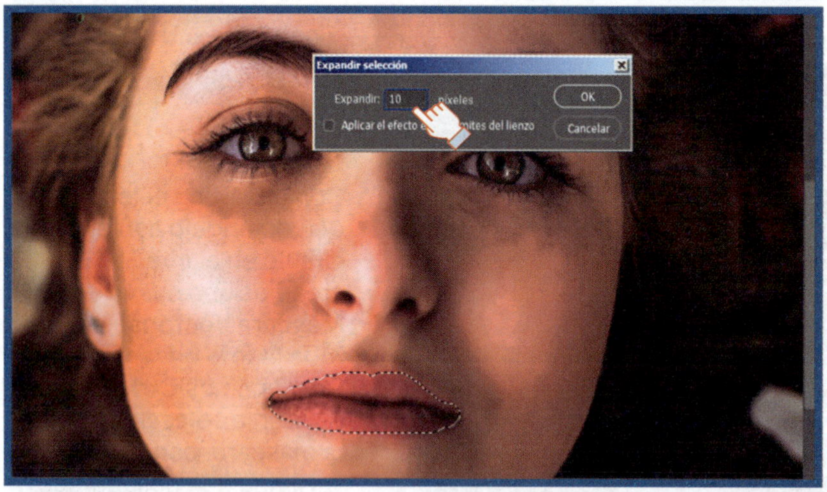

12 De manera opcional, y como bonito detalle, podemos agrandarlos visualmente. Para esto, vamos al menú superior **Selección**, presionamos **Modificar** y **Expandir**, y colocamos un radio de **10 píxeles**. Esto provoca que los límites de la selección crezcan un poco más.

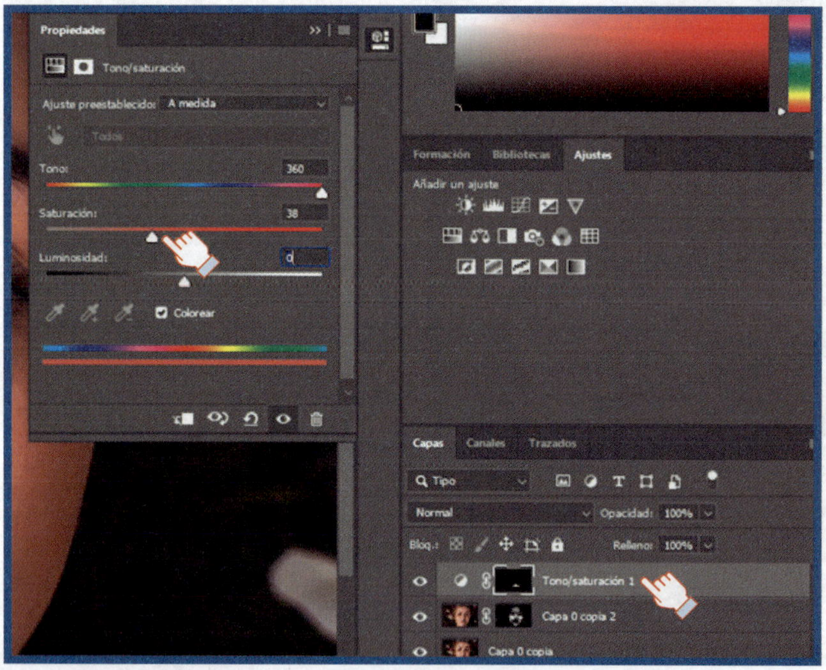

13 Crearemos una Capa de Ajuste de **Tono/ Saturación** haciendo clic en el círculo del Panel de Capas y, marcando la opción **Colorear**, buscamos en el sector de tono un rojizo que quede bien con la piel de la modelo.

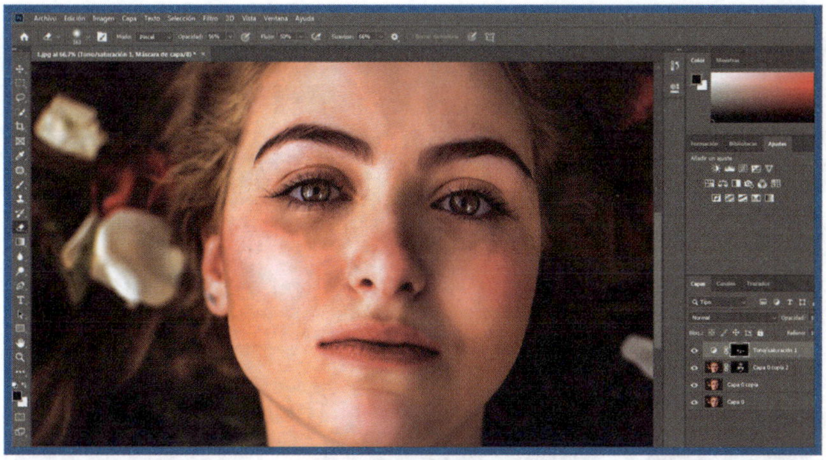

14 Utilizando la goma en la **Máscara Vectorial** de la Capa de Ajuste, podemos darles color a las mejillas y a la punta de la nariz.

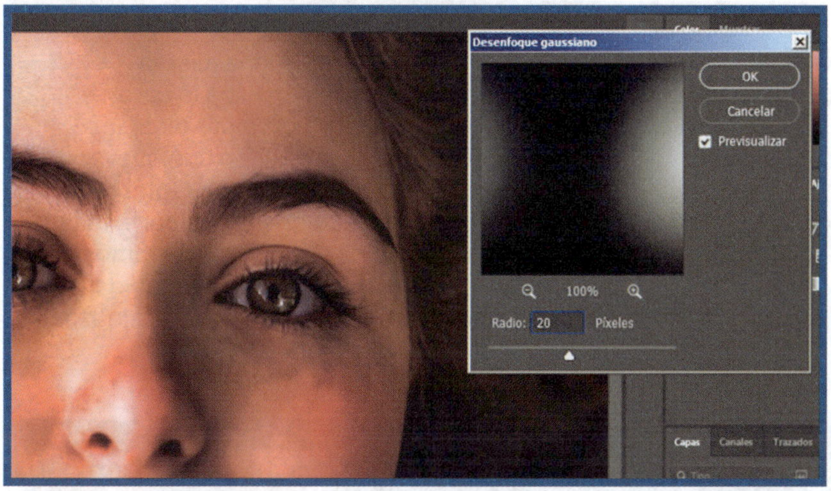

15 Para que la coloración se vea más natural, aplicamos un **Desenfoque Gaussiano** ligero a la imagen, lo que nos permitirá difuminar los colores.

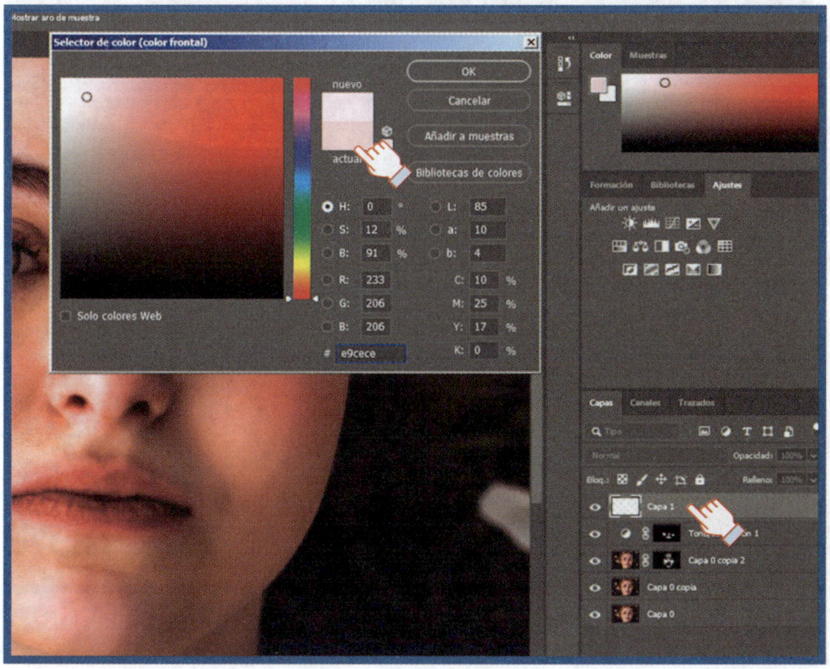

16 Creamos una **Capa Nueva**, y con el **Gotero** (I) seleccionamos la zona de piel más luminosa de la modelo. A ese color de muestra lo aclaramos un poco más, de modo que nos permita darle brillo a la piel.

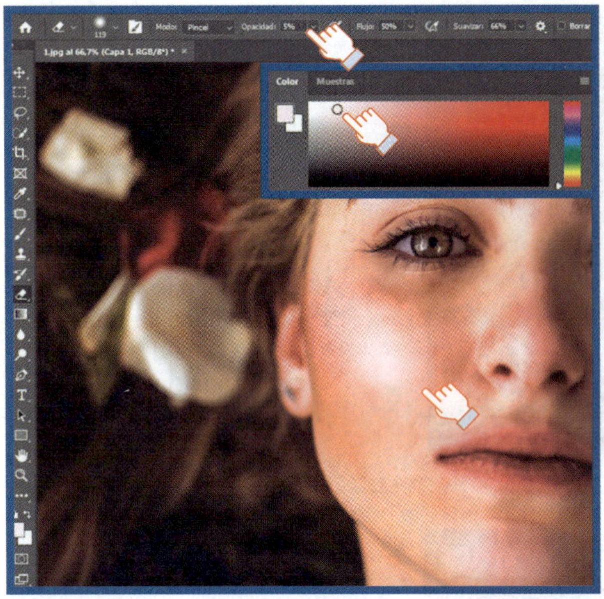

17 Usando el **Pincel (B)** en una opacidad baja, pintamos los pómulos, la nariz, el arco de cupido y el medio del párpado para darle luz al rostro, y modificamos el Modo de Fusión a **Luz Suave**.

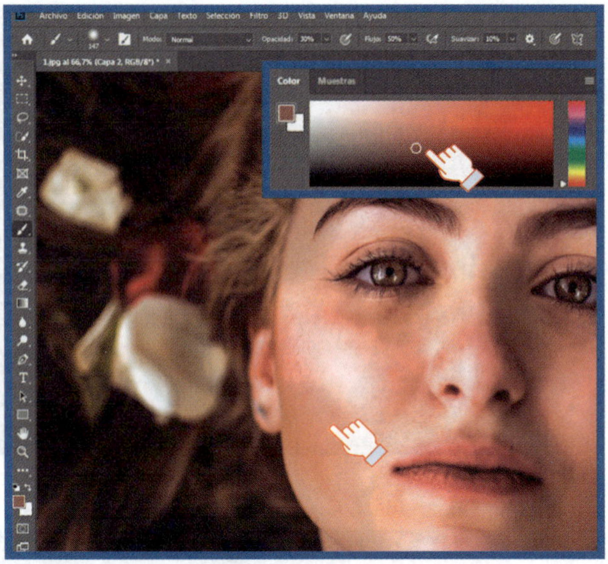

18 Como paso final y de la misma forma en que dimos luz a la cara, le daremos sombra para destacar las zonas más juveniles. En una nueva capa con Modo de Fusión **Color más Oscuro** y seleccionando la parte más ensombrecida de la cara, pintamos debajo de los pómulos, la línea de la mandíbula y el cuello, para adelgazar la cara y contornearla.

19 Jugamos con la **Opacidad** de las capas hasta encontrar la que mejor le quede a la piel, y nos aseguramos de borrar cualquier trazo que manche el resto de la imagen.

Agregar un tatuaje realista

Hace tiempo que Photoshop tiene la fama de poder eliminar tatuajes y cicatrices, y sin embargo también es una excelente herramienta para hacer lo contrario. En esta ocasión vamos a hacer el camino a la inversa, y generar un tatuaje realista aprendiendo a usar el filtro de Distorsión y jugando con los contrastes de la imagen.

Sumar tatuajes a una fotografía es una gran idea cuando estamos buscando agregar más detalles y cambiar el look de los modelos; incluso, muchos tatuadores utilizan esta herramienta para proyectar cómo se vería su diseño realizado en la piel.

Mientras que el miedo de muchos es ver envejecer sus tatuajes, la mejor opción para generar un tatuaje realista es ver cómo lo hacen, prestándole atención a la flacidez de la piel o a la forma en que se difuminan los bordes con el tiempo.

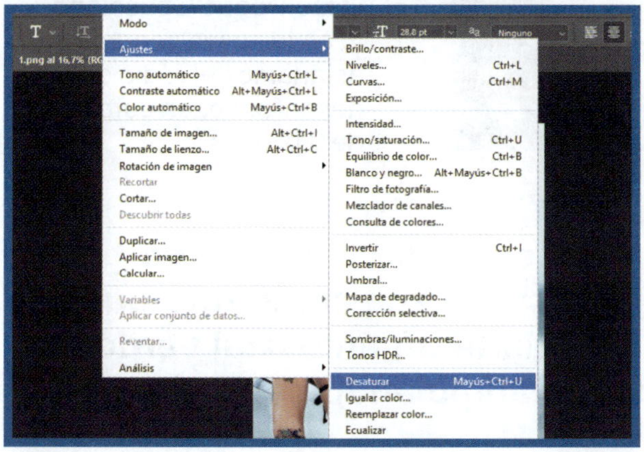

1 Para comenzar, vamos a la pestaña **Archivo** en la esquina superior izquierda y seleccionamos **Abrir (Ctrl + O)** para escoger nuestra foto.
Una vez abierta, presionamos las teclas **Mayus + Ctrl + U** para quitar la saturación de los colores completamente; otra opción es ir al menú **Imagen**, seleccionar **Ajustes** y hacer clic en **Desaturar**.

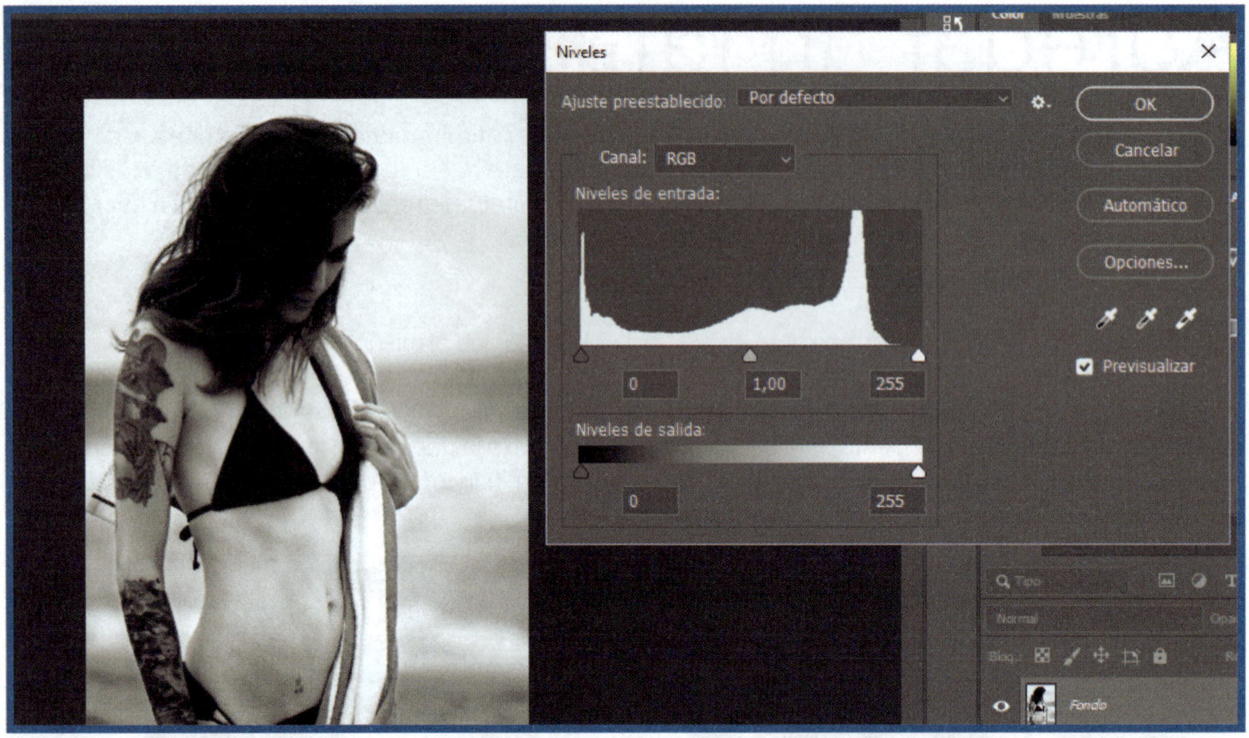

2 Ahora que tenemos la imagen en blanco y negro vamos a editar el contraste de claros y oscuros para lograr una mejor definición. Presionamos **Ctrl + L** y aparecerá un nuevo panel, en el cual, moviendo las flechas, podemos manipular las zonas más oscuras de la fotografía y las más luminosas.

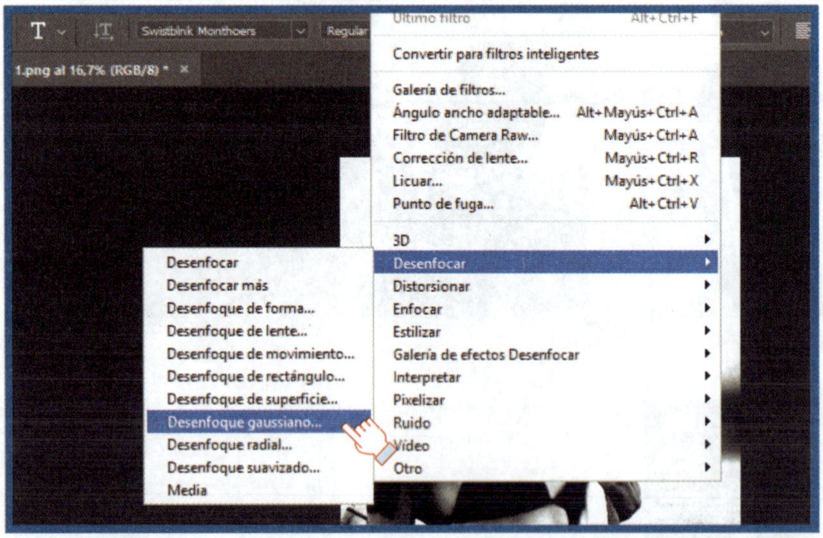

3 Una vez conformes con los niveles, pasamos a desenfocar ligeramente la imagen. En el menú superior vamos a la parte de filtros y elegimos las opciones de desenfoque. Seleccionamos **Desenfoque Gaussiano** y, en la nueva ventana, asignamos el radio de desenfoque, en este caso, de 3 píxeles.

A la hora de insertar tatuajes, podemos tener en cuenta cómo envejecen en la piel, para que así el nuestro luzca como uno que ya tiene varios años; también podemos darle un tinte azul verdoso y desenfocar un poco más los bordes, manipulando con cuidado la saturación de los colores.

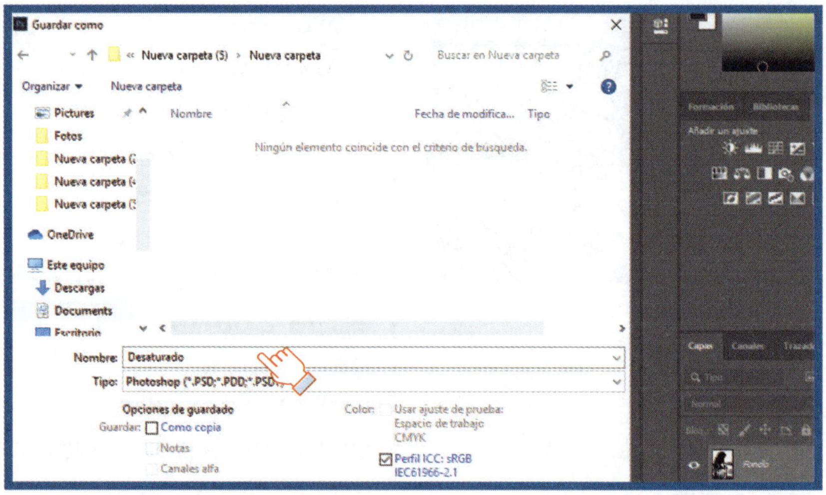

4 Vamos a **Archivo** y, al seleccionar **Guardar como**, se abrirá un panel donde podemos elegir la ubicación del archivo nuevo y seleccionar el formato. Colocamos un nombre fácilmente distinguible y, debajo de la barra donde nombramos el documento, en el menú desplegable, nos aseguramos de que sea guardado como **Photoshop (PSD, PDD, PSDT)**.

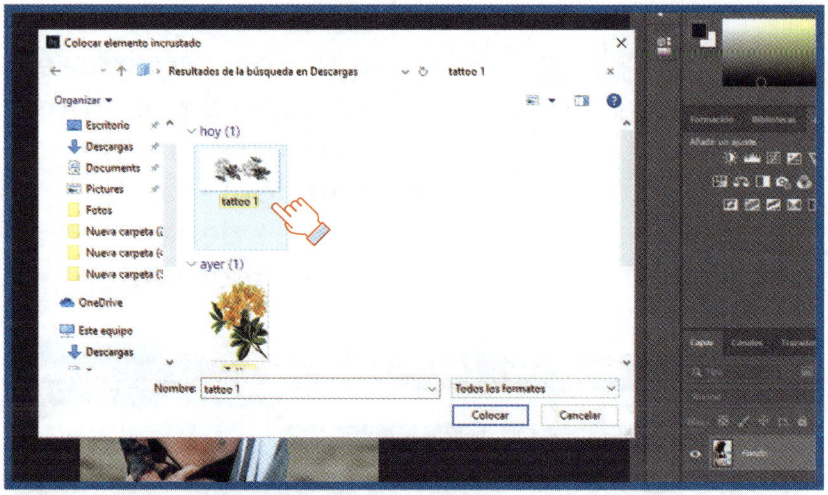

5 Cerramos el documento anterior y volvemos a abrir la imagen inicial en un nuevo lienzo. Es hora de insertar nuestros tatuajes. Vamos a **Archivo**, hacemos clic en **Colocar elemento incrustado** y buscamos las imágenes que queremos utilizar.

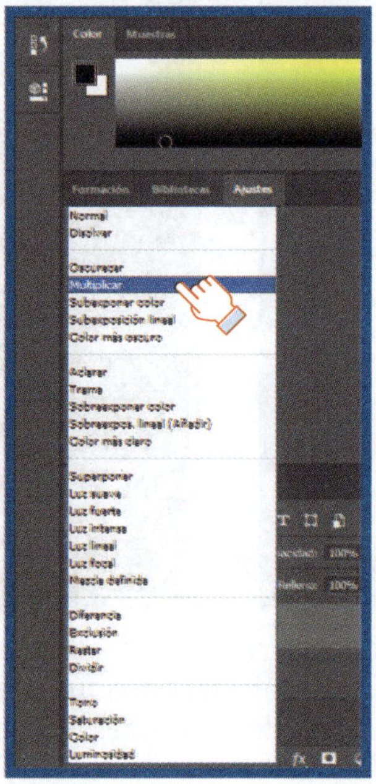

6 Una vez insertas en el lienzo, nos dirigimos a la esquina superior derecha del panel de capas para modificar el modo de fusión. Hacemos clic en la barra donde, de forma predeterminada, dice **Normal**; se desplegará un menú con distintas opciones, entre las cuales seleccionamos **Multiplicar**. La imagen obtendrá transparencia sin perder opacidad, y podremos elegir perfectamente la zona en la cual queremos colocar el tatuaje.

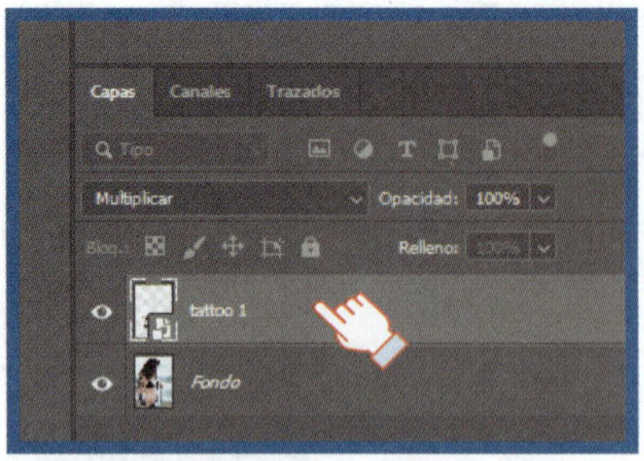

7 Por el momento tenemos una imagen plana pegada sobre la fotografía. Para poder editar el tatuaje y hacer que se ajuste a los volúmenes de la piel, tendremos que seleccionar la capa en la que este se encuentra **(Ctrl + T)** y hacer clic derecho; elegimos **Deformar** y pasamos a editar la imagen moviendo cada uno de los nodos.

Para este tipo de trabajos es buena idea pensar en cómo afectan determinados movimientos a la piel, ya que incidirán en la apariencia del tatuaje. Si tenemos a una persona estirando los brazos es muy probable que la zona de la piel en la que colocaremos el tatuaje se presente más estirada, por consiguiente el tatuaje deberá lucir más deformado.

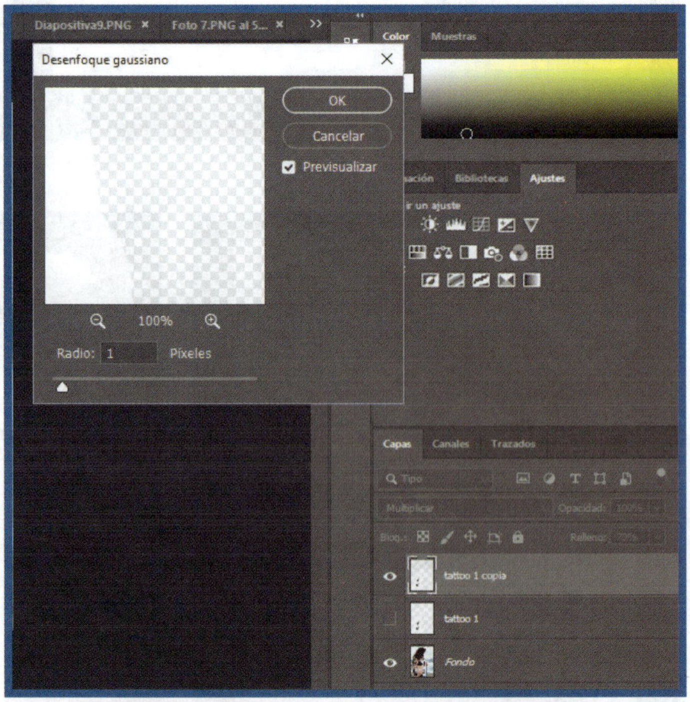

8 Borramos cualquier parte del tatuaje que sobre. Nos dirigimos al menú superior **Filtros**, vamos a **Desenfoque** y seleccionamos **Desenfoque Gaussiano**. Es buena idea tener un tatuaje real para comparar cómo debe quedar el trazado sobre la piel; en este caso aplicamos un desenfoque de 1 píxel.

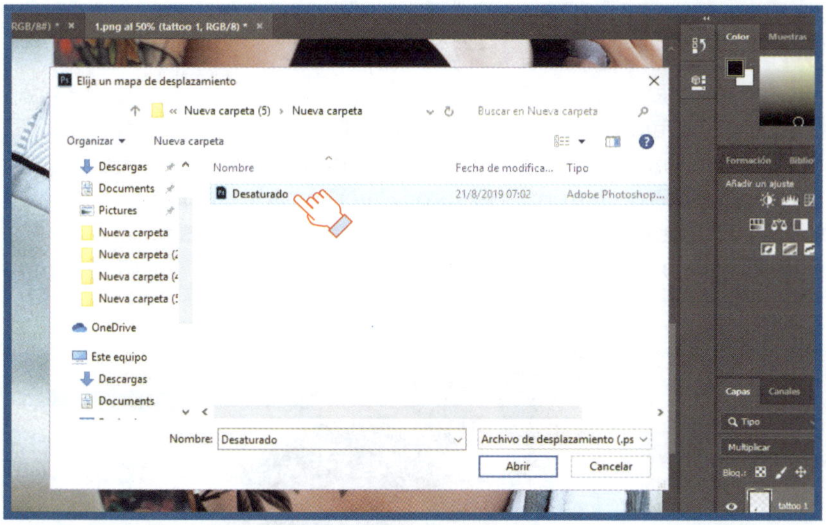

9 Volvemos a **Filtros**, hacemos clic en **Distorsionar** y seleccionamos **Desplazar**. Se abrirá una ventana con ajustes de desplazamiento; dejamos todo como está y presionamos **OK**. Aparecerá una ventana nueva para **Elegir un Mapa de Desplazamiento**; ahí buscamos el **psd** desaturado que habíamos guardado al principio. De esta forma, el tatuaje tomará los contrastes de la piel de la modelo.

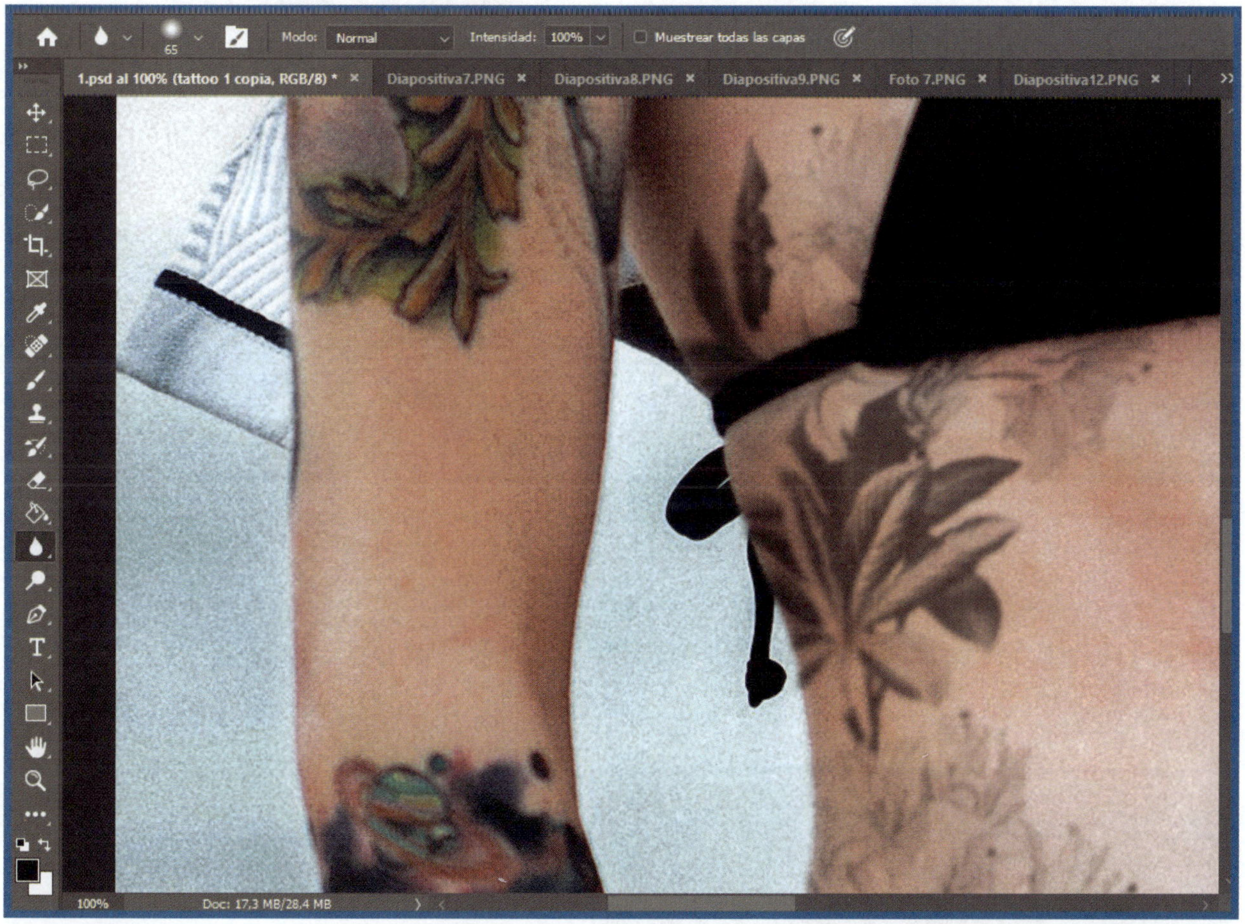

10 Por último, tenemos que prestar atención al enfoque que tiene la imagen original, porque posiblemente el tatuaje requiera áreas más difuminadas que otras. Para esto, vamos a hacer clic en el icono con forma de lágrima que está en la barra de herramientas; es la función de **Desenfoque**. Una vez que determinamos qué áreas requieren menor nitidez (como bordes o zonas con sombra) las desenfocamos suavemente.
Bajamos el **Relleno** del tatuaje en el panel de capas a un **75-80%** según lo requiera el contraste del diseño.

Crear un efecto glitch

En este tutorial aprenderemos a generar un efecto de cinta distorsionada semejante a las de los antiguos VHS, partiendo únicamente de una foto y modificando sus canales como elementos principales. Produciremos efectos diversos con distintas herramientas, para que podamos aplicar un amplio abanico de recursos, como texturas con Modo de Semitono, Desenfoque de Movimiento y Máscaras vectoriales.

El glitch es tendencia en el ámbito del diseño, y es que se convirtió en un efecto nostálgico y retro que no deja de lado la magia de la tecnología. Por eso, en esta oportunidad produciremos un efecto glitch de forma rápida y sencilla gracias a desplazamientos de los canales de color de cada capa, y colocaremos los distintos elementos compositivos para generar un filtro realista de distorsión virtual.

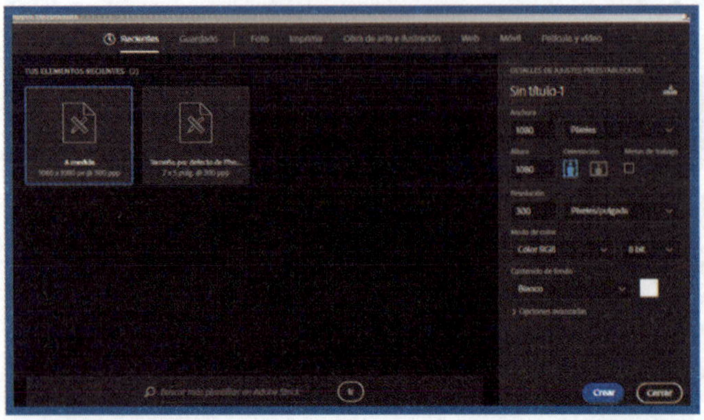

1 Creamos un nuevo documento utilizando el atajo **Ctrl + N** y especificando un espacio de trabajo de **1080 x 1080** píxeles a **300 dpi.**

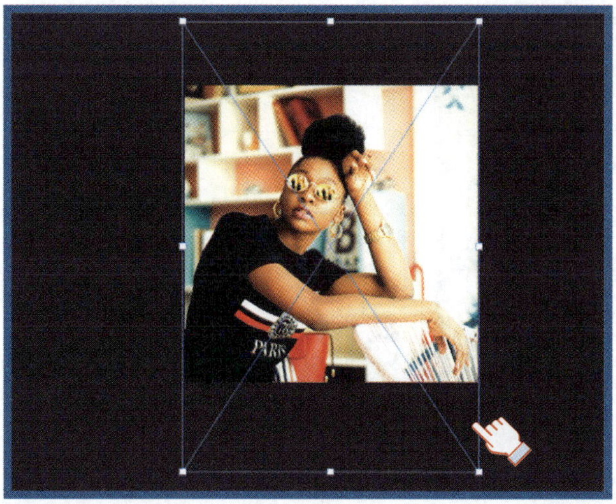

2 Importamos la imagen a la que deseamos darle el efecto glitch, yendo **a Archivo/ Colocar Elementos Incrustados**. Presionando **Ctrl + T**, podremos ajustar el tamaño de la imagen al lienzo para redimensionarla.

3 Para que se vea como un VHS realista, colocamos un icono de Play en la esquina superior izquierda. Lo generamos gracias a la herramienta **Lazo Poligonal (L)**, que nos permite dibujar un triángulo sobre una **Capa Nueva**.

4 Pintamos la selección utilizando la **Herramienta Bote (G)** en color blanco.

¿De qué sirven los Canales en Photoshop?

En el caso del Modo de Color RGB las imágenes se componen de tres colores combinados: rojo, verde y azul. Los canales hacen referencia a la totalidad del mapa de color, que nos indica cuánto de cada uno de esos tres tonos debe tener la imagen. Modificando los canales, cambia la tonalidad de la foto.

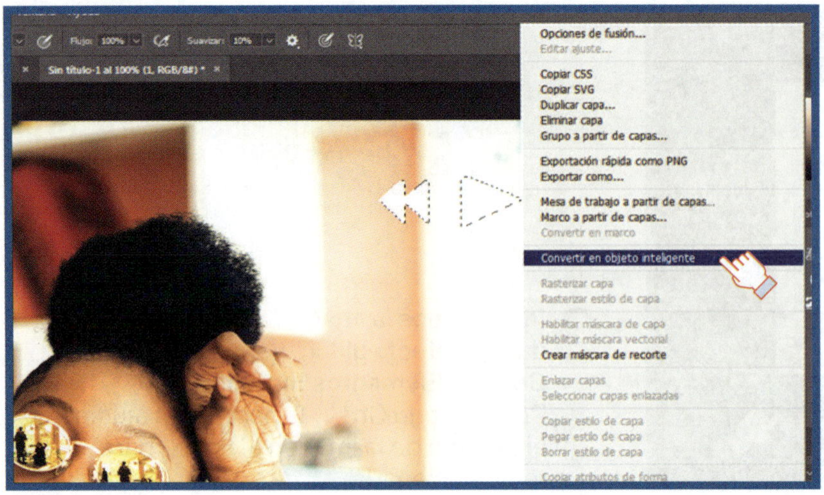

5 Combinamos ambas capas con **Ctrl + E** para trabajar más cómodos cuando tengamos que distribuir los canales de color en varias capas.

6 Pasamos la imagen a objeto inteligente, para lo cual nos dirigimos al Panel de Capas, hacemos clic derecho y pulsamos la opción **Convertir a Objeto Inteligente**.

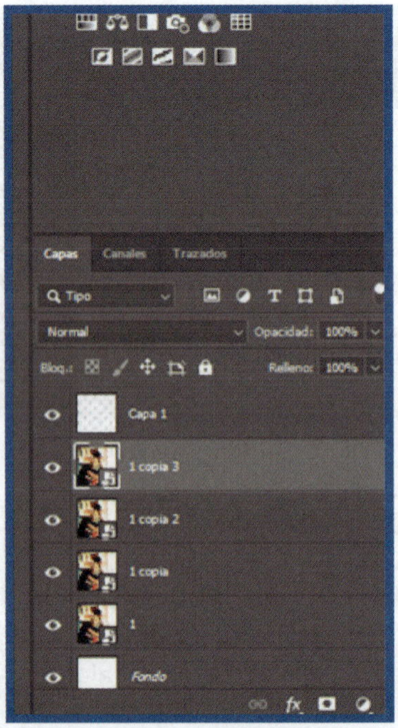

7 Duplicamos la capa hasta obtener cuatro copias utilizando el atajo **Ctrl + J** o presionando **Duplicar Capa**.

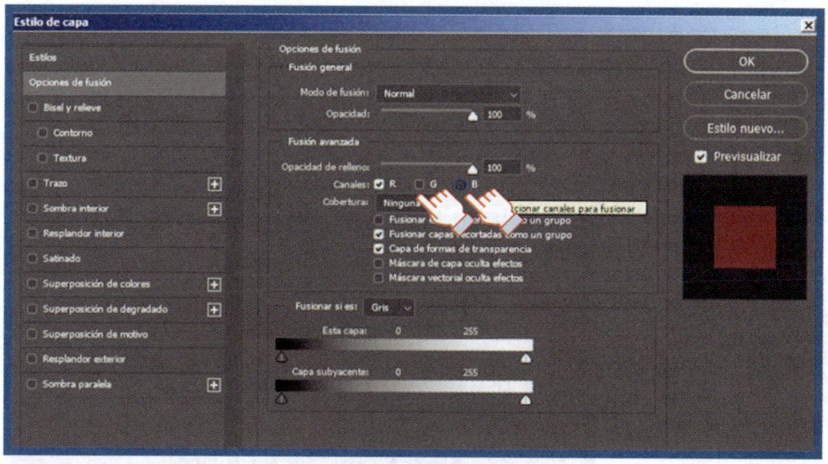

8 Es hora de hacer los efectos y para esto es importante ocultar todas las capas excepto una, haciendo clic sobre el ojo del Panel de Capas. Luego, hacemos doble clic sobre la capa que se encuentra visible y se abrirá la ventana **Opciones de Fusión**, en donde desactivamos los **canales** verde y azul.

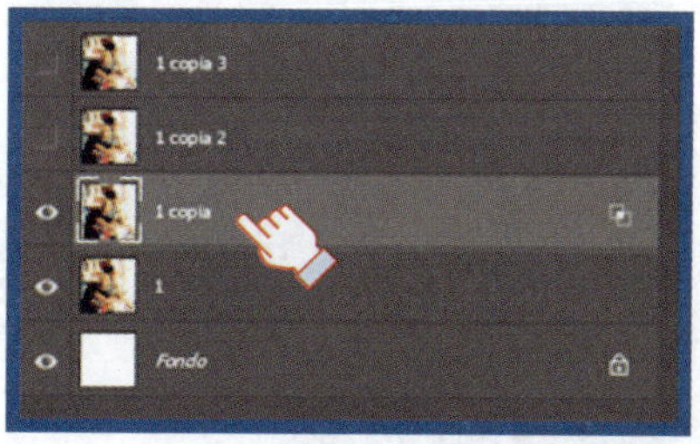

9 A simple vista, no notaremos ningún cambio, ya que tenemos la capa Fondo actuando debajo, pero veremos la magia en el momento en que pulsemos **Ctrl + T** para seleccionar la capa y la deslicemos a gusto hacia la derecha.

10 De la misma forma, hacemos visible la tercera capa y desactivamos los canales verde y rojo de las **Opciones de Fusión**, pero esta vez, deslizando la totalidad de la capa hacia la izquierda. Hacemos visible la cuarta capa y vamos a **Capa/Nueva capa de ajustes/Tono/Saturación**.

Para continuar, debemos generar una **Capa de Ajuste** de **Tono y Saturación** y quemar la imagen llevándola a una saturación máxima del 100%. No importa que se vea exagerado, ya que siempre podemos eliminar la saturación de áreas puntuales editando la máscara de capa. Luego continuamos con los siguientes pasos:

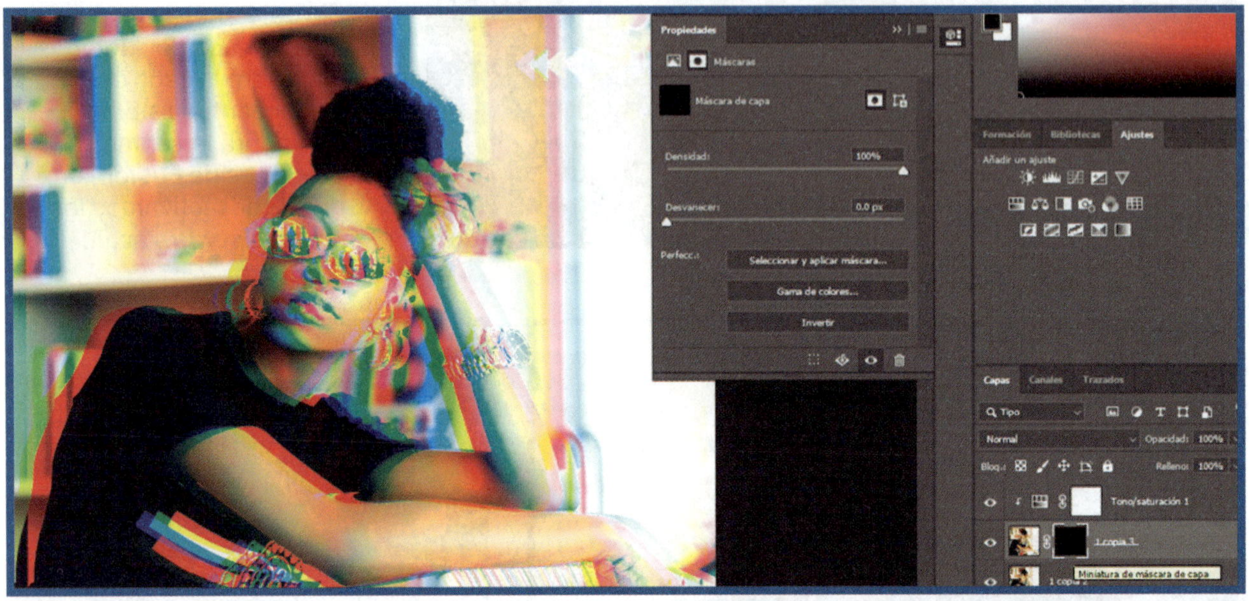

1 Vamos a dar el efecto de cuadros y animación trabada a partir de una máscara de capa, haciendo clic sobre el icono del rectángulo con el círculo interior que se encuentra en la parte inferior del panel y pintando la totalidad de la capa de negro con la **herramienta Bote**.

2 Con la **Herramienta de Selección** vamos eliminando zonas de la máscara de capa para imitar el patrón geométrico que producen las cintas de VHS retro.

3 Vamos a la capa Fondo y, con la herramienta **Marco Rectangular (M)**, tomamos una franja ancha y duplicamos la selección presionando **Ctrl + J**. La llevamos a la superficie del Panel de Capas y modificamos su **Modo de Fusión** a **Luz Lineal**.

4 Vamos al menú superior **Filtro/Distorsionar/Distorsionar**. Se abrirá una ventana con un gráfico de curvas sobre el cual vamos seleccionando y distorsionando hasta que la imagen se deforme de manera glitch.

5 Duplicamos la capa con el atajo **Ctrl + J**.

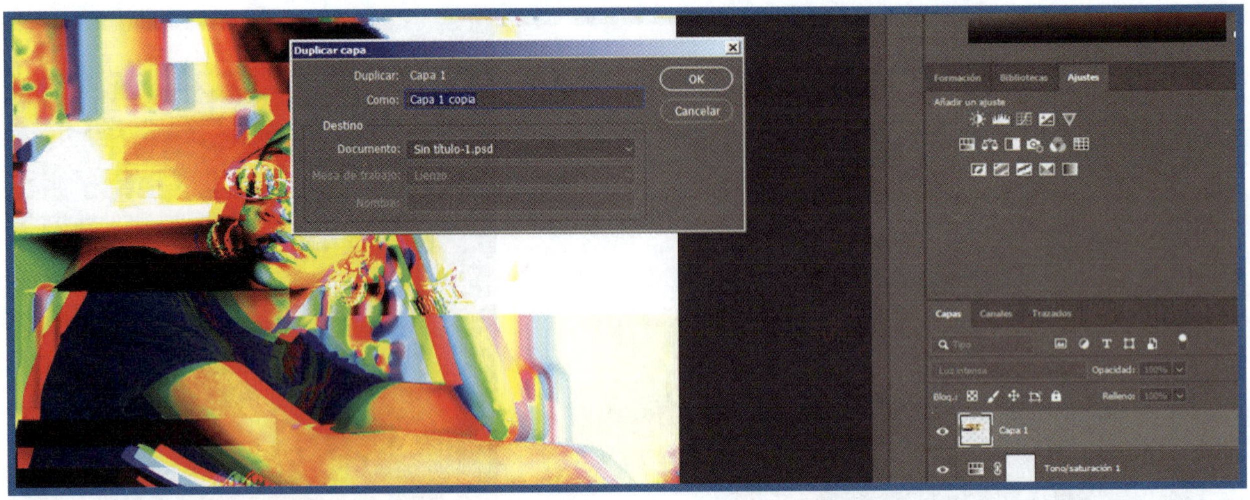

6 Llevamos una de esas capas al extremo inferior de la foto, y la otra, al superior, como si fueran dos pedazos distintos de cinta.

7 Creamos una nueva copia de la capa Fondo y la llevamos a la superficie. Damos un efecto de **Medio tono** a la imagen, desde **Filtros/Galería de Filtros/Modelo de Semitono.** Es importante tener seleccionados los colores negro y blanco, y un valor de **2** para **Tamaño** y **Contraste.**

8 Modificamos el Modo de Fusión a **Luz Suave** para agregar textura al trabajo; en caso de que se vea demasiado contrastante, podemos bajar la **Opacidad** de la capa a un **70%**.

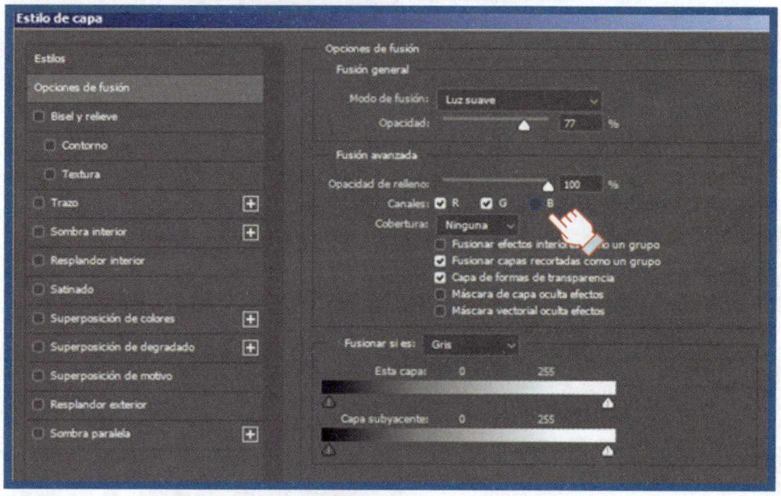

9 En las Opciones de Fusión de la capa de semitono, desmarcamos el canal azul para que la textura sea de un color azulado.

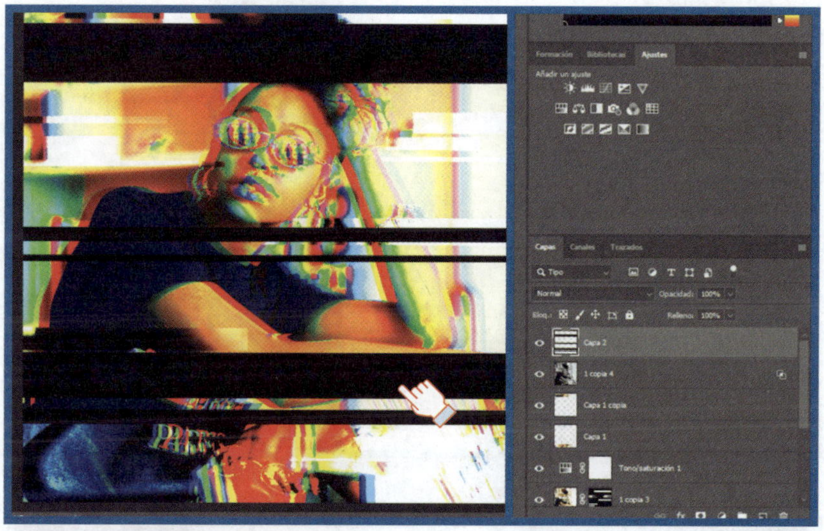

10 Creamos barras de ruido aplicando rectángulos negros en una capa nueva por medio de la herramienta de **Selección Marco Rectangular (M)** y el **Bote de Pintura (G)**.

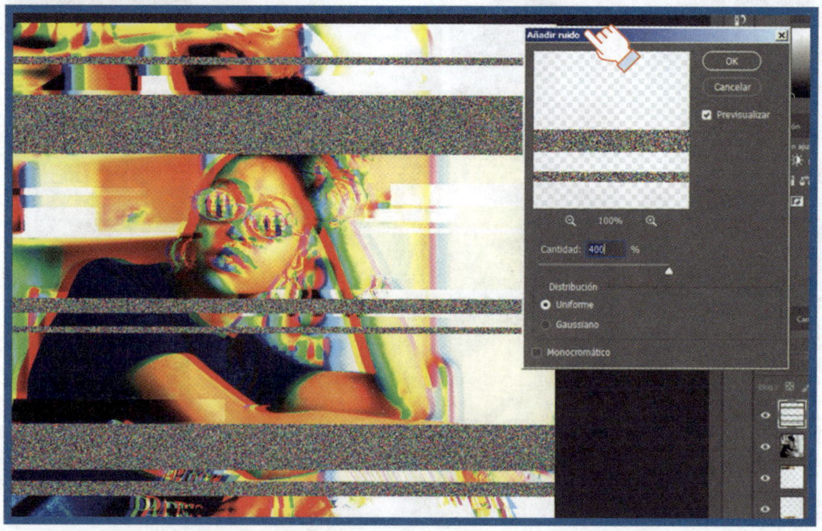

11 Nos dirigimos a **Filtro/ Ruido/Añadir Ruido** y lo llevamos al máximo para que parezca estática.

12 Una vez más, aplicamos **Filtro/Desenfoque/ Desenfoque en Movimiento**, de modo que el efecto se vea más dinámico. Mantenemos el ángulo en 0°.

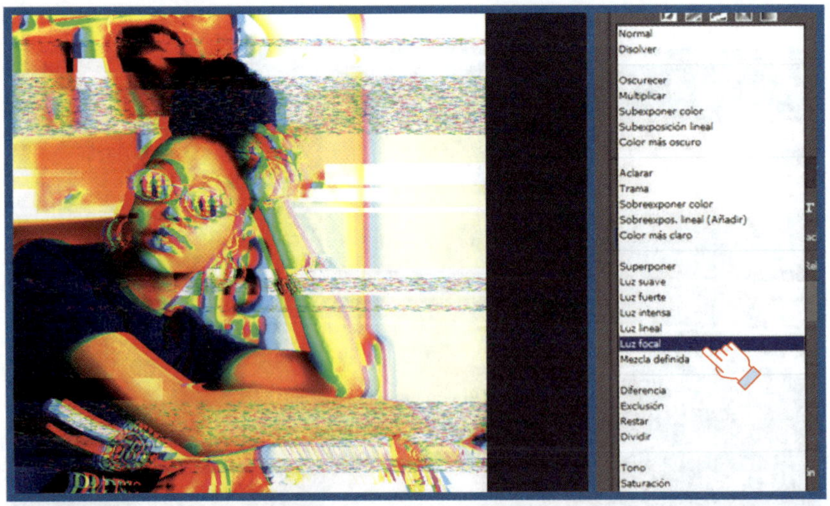

13 Cambiamos el Modo de fusión a **Luz Focal** para darle transparencia y profundidad al filtro. Bajamos la opacidad para obtener un buen resultado y eliminamos las áreas que hayan quedado muy toscas.

14 Agregamos franjas de luz verticales partiendo de dibujar barras rectangulares de color crema con la herramienta **Selección Marco Rectangular (M)**. Es recomendable que sean más anchas de lo que pretendemos, ya que el tamaño se verá distorsionado.

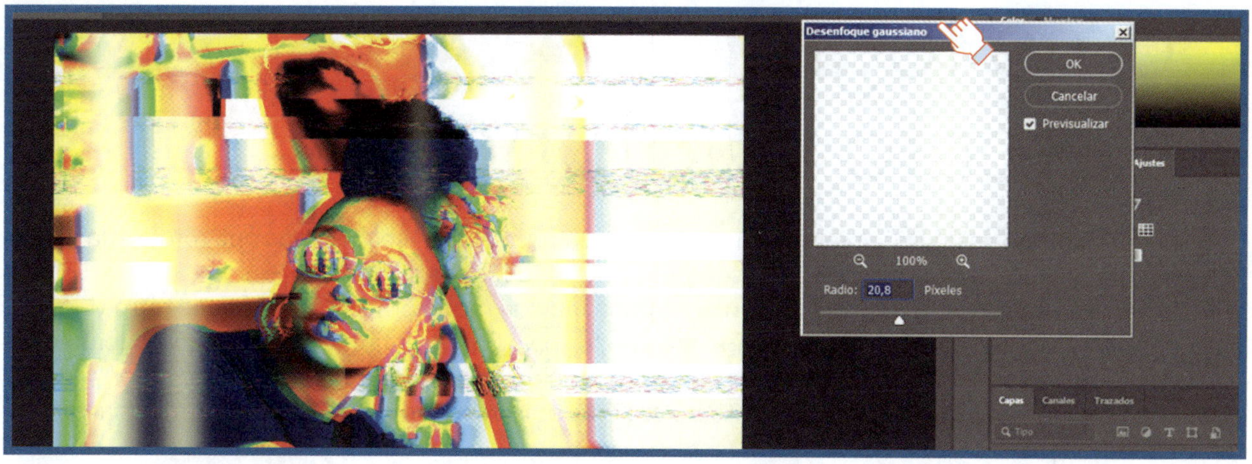

15 Vamos a **Filtros/ Desenfoque Gaussiano** y buscamos que las franjas parezcan halos de luz. Las ubicamos donde menos perjudiquen las áreas protagonistas de la imagen.

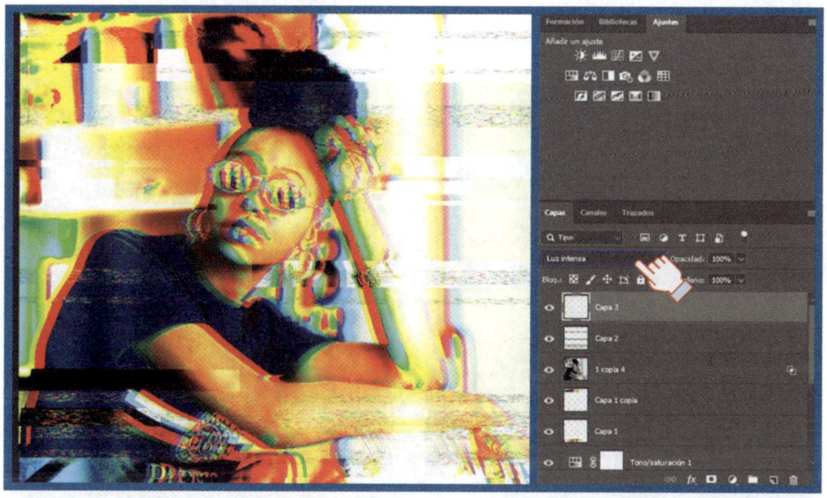

16 Cambiamos el Modo de Fusión a **Luz Intensa** de manera que se mezcle con la imagen.

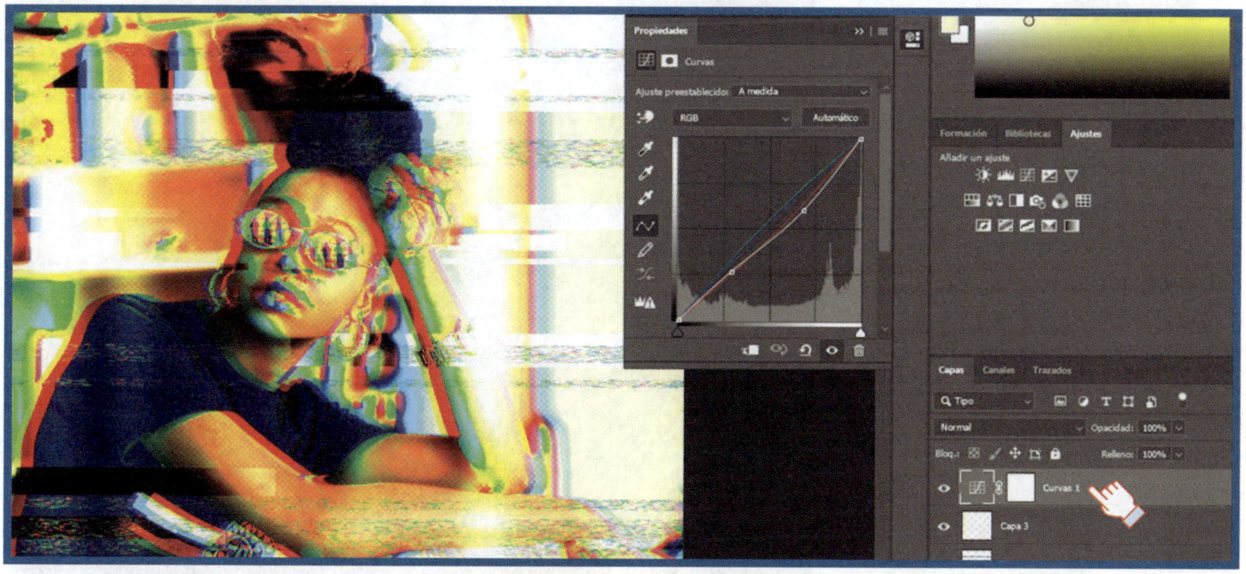

17 Ya tenemos listo nuestro efecto glitch. Como paso final, podemos jugar con las opacidades y crear una **Capa de Ajuste de Curvas** para manipular los valores RGB y potenciar aún más los colores.

Cómo lograr un efecto Duotono

El duotono es un tratamiento de la imagen mediante el cual coloreamos una fotografía eliminando la mayoría de sus grises y utilizando dos tonos contrastantes.

En la actualidad, el uso de duotonos se puso muy de moda gracias a sus raíces retro y sus contrastes vibrantes. Hace algún tiempo era una forma de ahorrar tintas de impresión debido a que se necesitaban únicamente dos tintes en comparación con las impresiones a todo color, que requieren un mínimo de cuatro. Este efecto era muy aprovechado para los carteles musicales de los años 60 y 70.

En esta oportunidad crearemos un retrato duotono sobre un fondo tipográfico utilizando herramientas como Máscara de Recorte, Niveles, Máscara de Ajustes y Mapas de degradado.

El efecto duotono es recomendado para situaciones en las que necesitemos dar homogeneidad a fotografías muy distintas, ya que fácilmente podemos hacer que todas pertenezcan a un mismo estilo y paleta cromática.

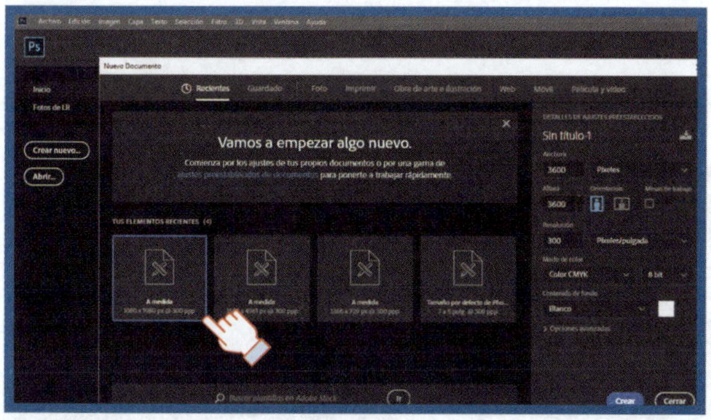

1 Creamos un archivo nuevo dirigiéndonos a la esquina superior izquierda y seleccionando **Archivo/Nuevo** o utilizando el atajo de teclado por defecto, **Ctrl + N**. Para nuestro proyecto utilizaremos las dimensiones de una portada de vinilo, por lo que medirá **3600 x 3600 píxeles**. En caso de llevarlo a impresión, es importante especificar que los colores estarán en modo CMYK, mientras que si solo lo queremos en formatos digitales, seleccionamos el modo RGB para obtener tonos mucho más vibrantes.

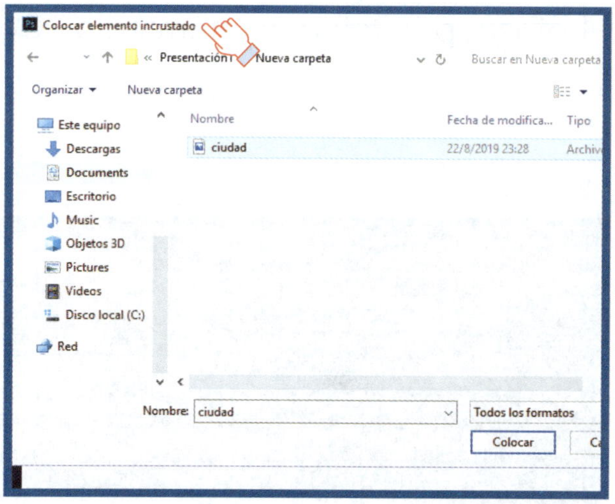

2 Trabajaremos el fondo de la imagen con tipografía para que tenga un efecto más impactante y llamativo. Pasamos a seleccionar una fotografía de fondo con mucha textura que podamos calar luego con el texto. Es recomendable que esta imagen sea un paisaje o algo que no necesite de mucho detalle, ya que solo buscamos darle un toque más urbano a la composición y, si es una figura demasiado grande o de mucha complejidad, no se entenderá bien luego de usar la máscara de recorte. Una vez que tenemos la imagen, vamos al menú superior **Archivo/Colocar elementos incrustados**. Así ya tendremos la fotografía sobre nuestro lienzo y estaremos listos para trabajar.

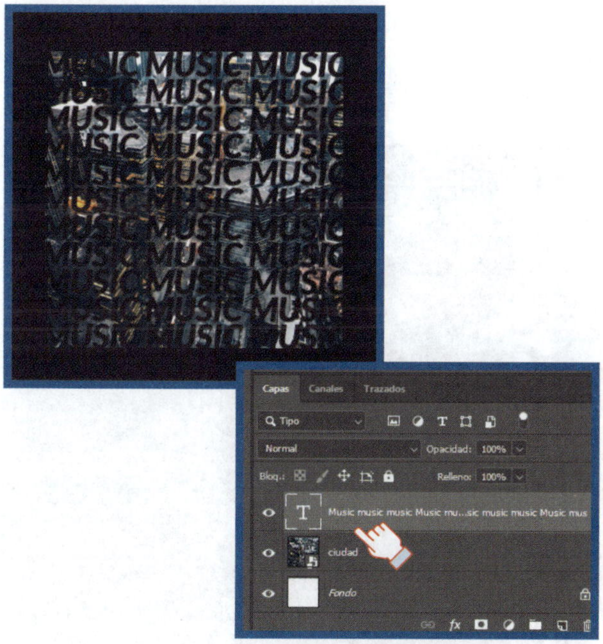

3 Por otro lado, escribimos algo para que sea recortado en el paisaje, como puede ser una palabra grande, una frase o una palabra repetida una y otra vez como textura. Lo mejor para aprovechar la técnica es utilizar una tipografía gruesa, que pueda encuadrar más área de la foto. En este caso optamos por **Lato** en su formato **Black Italic**, para que sea lo más pesada posible y podamos ver mucha imagen a través de ella.

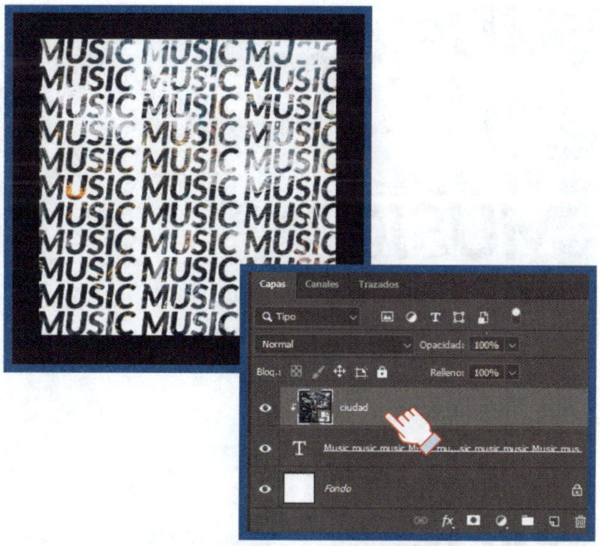

4 Una vez que tenemos una capa de texto y una de imagen, el siguiente paso es hacer clic derecho sobre esta última y seleccionar **Crear Máscara de Recorte**, asegurándonos de tener la capa de texto debajo de la imagen. De esta forma, el programa hace visible únicamente la sección que está anclada a la capa de abajo, por lo que tendremos un texto con textura de ciudad.

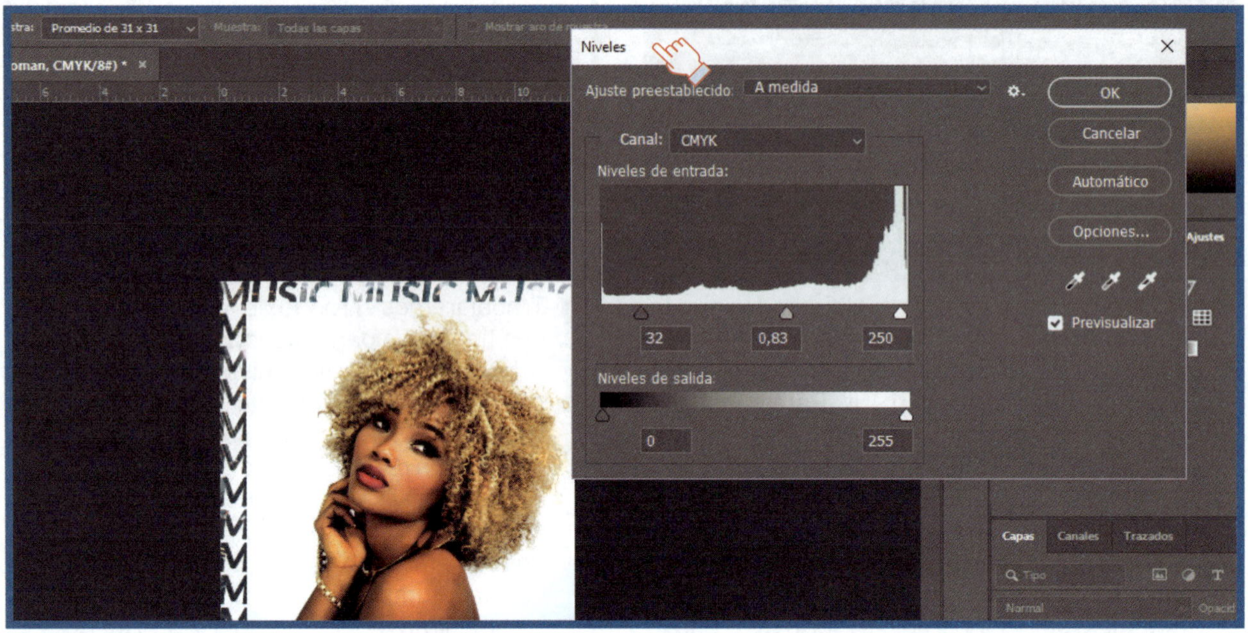

5 Vamos a **Archivo/Colocar elemento incrustado** y traemos una foto retrato al lienzo. Es importante que la fotografía de la modelo y la que hace de texto tengan un nivel similar de contraste. Esto se controla presionando el atajo **Ctrl + L** o yendo al menú **Imagen/ Ajustes/Niveles**. Se abrirá una ventana que nos permite ajustar los niveles de entrada de cada imagen, y regular los claroscuros y el contraste.

6 Eliminamos el fondo del retrato para tener solo la silueta de la modelo y colocarla sobre la tipografía. Seleccionamos la **Varita Mágica (W)** del panel de herramientas para conseguir una mejor definición en la zona del cabello, y vamos al menú inferior del **Panel de Capas** para **Añadir máscara vectorial**, lo que nos permite hacer un recorte sin riesgos de perder información, y con la posibilidad de pulirlo y retocarlo utilizando el **Pincel (B)** y la **Goma (E)**. Es recomendable presionar **Ctrl + I** para invertir la imagen y que sea más sencillo eliminar cualquier rastro de fondo.

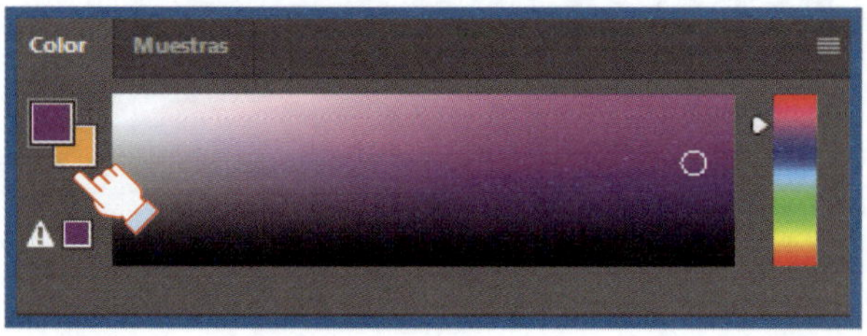

7 Una vez recortada la modelo y puesta en un lugar que nos parezca adecuado en la composición, haremos la magia. Si tenemos algún color en mente, lo más importante es colocarlo como **Color frontal** y **Color de fondo** (es decir, seleccionar un color con el tintero o elegirlo, presionar **X** y volver a elegir otro color). Este paso nos ahorra hacer luego una nueva selección de color.

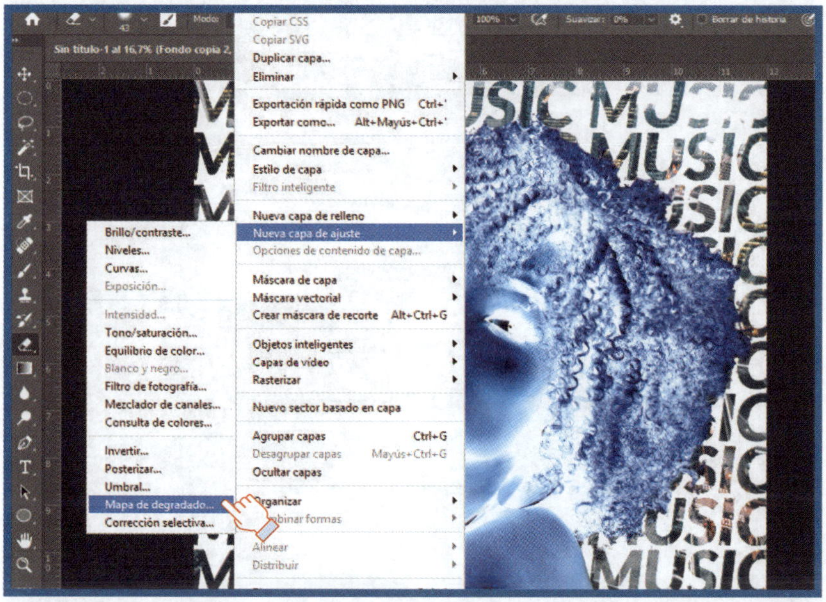

8 Vamos a **Capas/Capa de Ajustes/Mapa de Degradado** y dejamos la ventana emergente con las especificaciones predeterminadas. Automáticamente aparecerá una capa nueva que afecta la totalidad del documento y que posee los colores que teníamos seleccionados.

Haciendo clic sobre la capa, se abre el panel de propiedades, donde podemos escoger ir al sector de bibliotecas de color y degradados e invertir los tonos.

Composición vintage

¿A quién no le causan intriga esas fotos antiguas con tantas historias detrás? En este tutorial aprenderemos a lograr que nuestros retratos o fotografías queden con un efecto de antaño y una iluminación poco convencional. Incursionaremos en la sobreexposición y los juegos de luces gracias a los Degradados y los Modos de Fusión, y agregaremos texturas para obtener un acabado realista.

Para lograr un buen resultado en la composición, es importante tener una adecuada selección de elementos, cada uno con una resolución correcta. Trabajaremos con la fotografía de un marco antiguo, de una joven con vestido de gala, con un paisaje y también con un escaneo de una hoja de papel para imitar su textura. Conseguiremos una iluminación y una definición dignas de las primeras fotografías, y aprenderemos trucos para obtener un buen tono sepia que acompañe de manera satisfactoria la imagen.

Es indispensable hacer una buena observación de fotografías antiguas para usar de referentes, y apreciar su textura difusa y sus colores para poder advertir más en detalle las modificaciones que necesitamos hacerles a nuestras imágenes.

1 Por un lado, buscamos una foto de un cuadro o espejo antiguo y le eliminamos el fondo interior utilizando la herramienta de selección **Marco Rectangular (M)** y creando una **Máscara de Capa**, de forma que quede solo el marco.

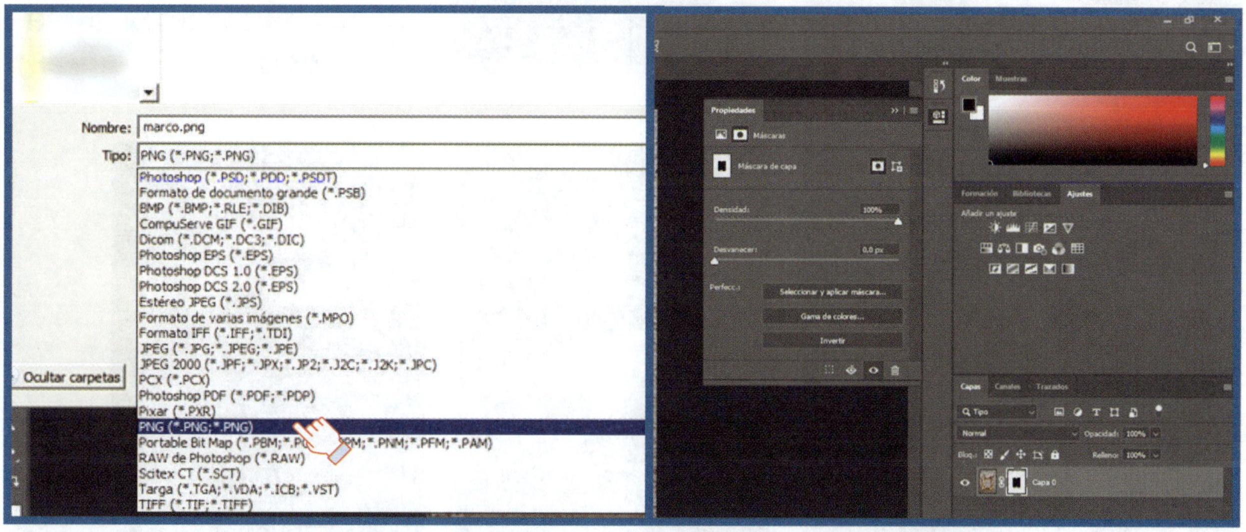

2 Guardamos esta imagen como Marco.PNG para que conserve la transparencia. Para esto, vamos a **Archivo/Guardar como** y seleccionamos la opción **PNG** del menú desplegable.

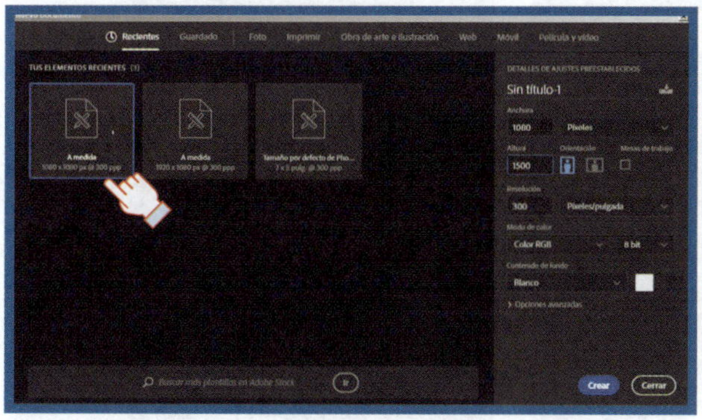

3 Nos dirigimos a **Nuevo/Documento** o presionamos **Ctrl + N** y hacemos las especificaciones de tamaño que queramos. En este caso, creamos un rectángulo de **1080 x 1500** píxeles y nos aseguramos de que tenga una resolución de **300 dpi**.

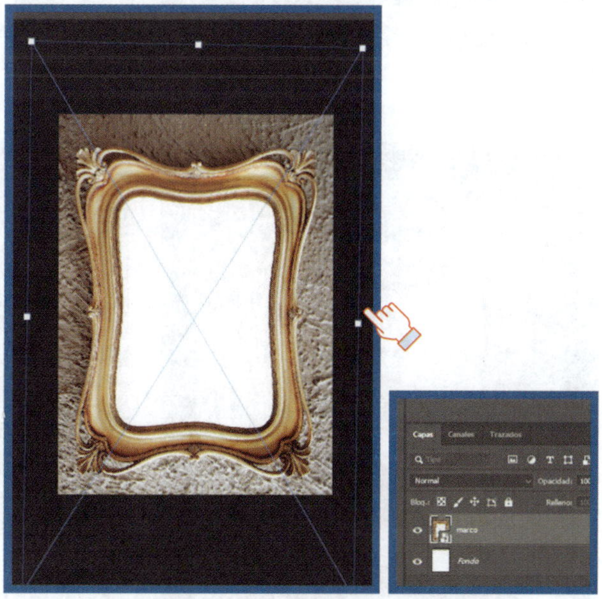

4 Importamos el marco a nuestro lienzo y lo encuadramos mediante **Transformación Libre** o **Ctrl + T** de modo que encaje en la mesa de trabajo.

5 Luego colocamos la fotografía de la modelo y la situamos bajo la capa del marco para comprobar que entre bien.

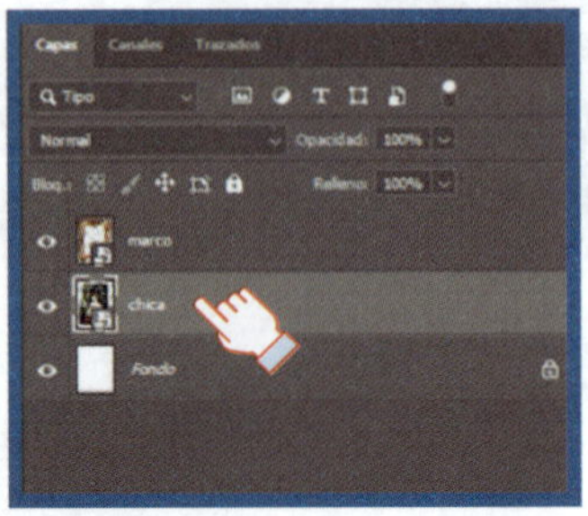

Las máscaras vectoriales permiten hacer un recorte no destructivo de la imagen, invitándonos a editar en cualquier momento el recorte con la opción de agregar o borrar cualquier área de la selección.

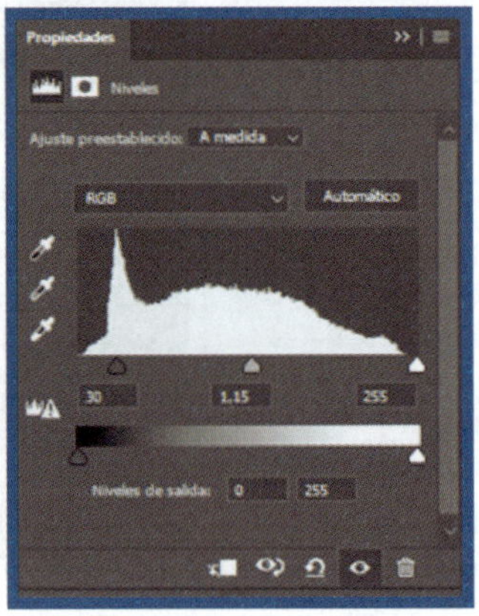

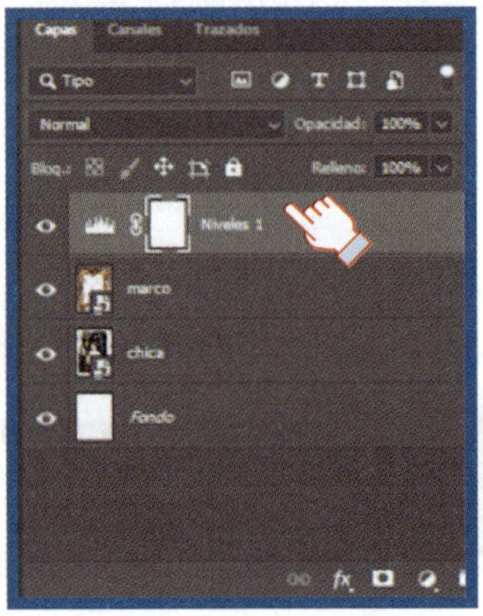

6 Creamos una capa de **Ajuste de Niveles** para ajustar los contrastes de la foto y hacerlos más pronunciados; las fotos antiguas tenían mucha predominancia de negro.

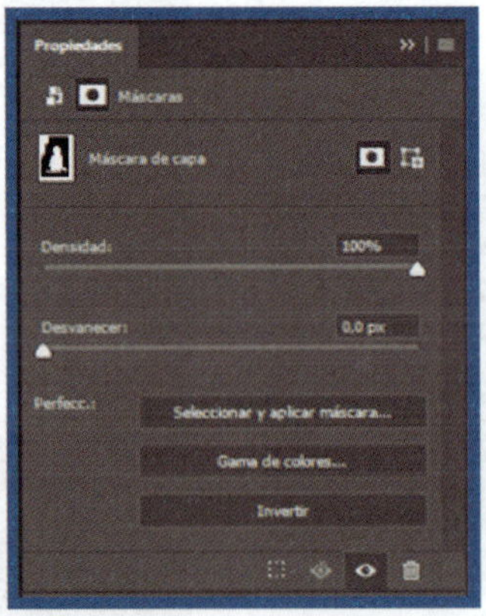

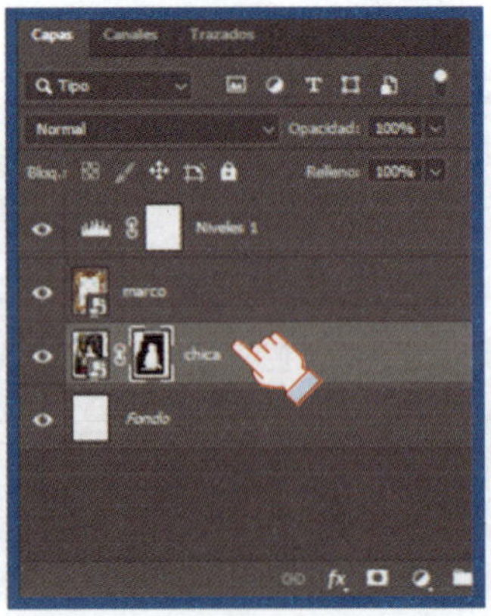

7 Recortamos la foto de la modelo con la herramienta de **Selección Rápida (W)**. Hacemos clic en los lugares vacíos y, con **Shift + clic**, seguimos agregando las secciones que hayan quedado fuera. Terminamos la selección, creamos una máscara vectorial y habremos eliminado el fondo.

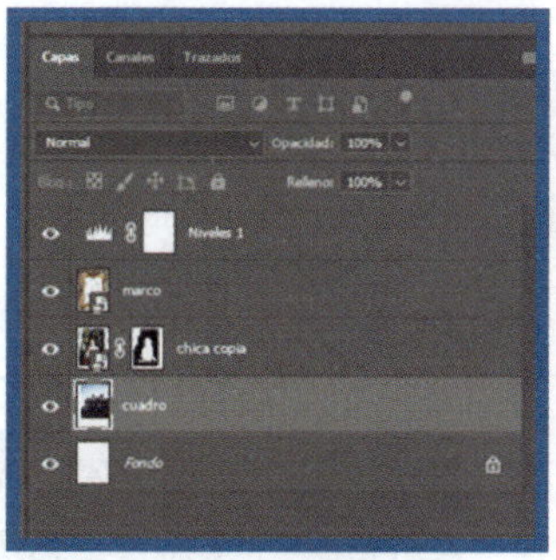

8 Colocamos de fondo una imagen de un paisaje que se vea antiguo, como puede ser un castillo o un bosque, de forma que parezca aún más vintage.

A la hora de hacer una composición desde cero es buena idea prestar atención al foco. Aplicando un desenfoque sobre las distintas capas que conforman el fondo de la fotografía, podremos crear profundidad.

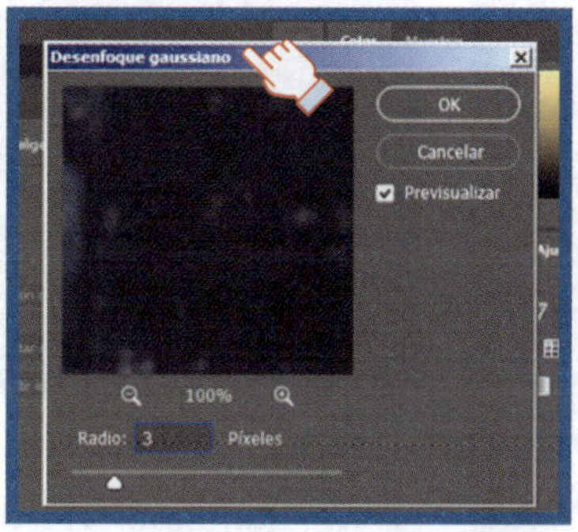

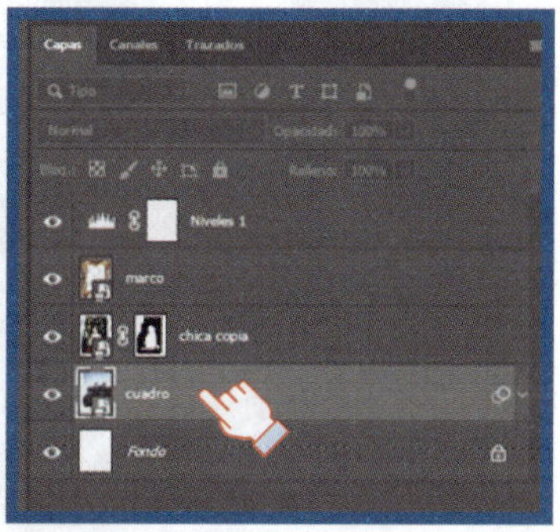

9 Desenfocamos el cuadro para que la foto adquiera profundidad, utilizando **Filtro/ Desenfoque/Desenfoque Gaussiano**.

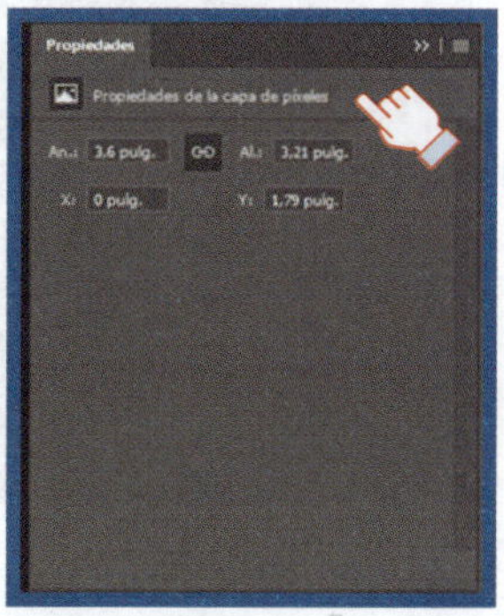

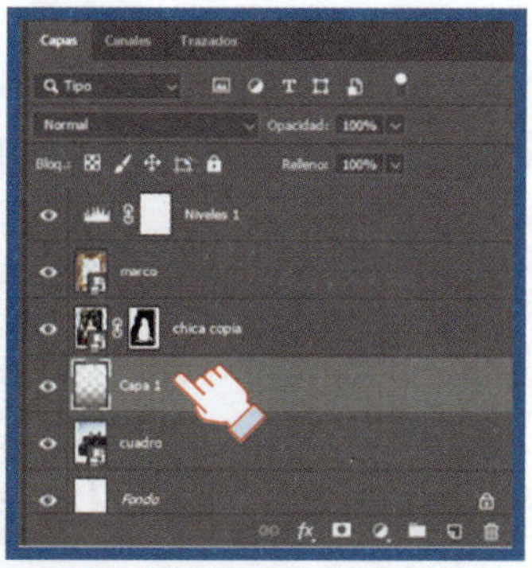

10 Aplicamos un **Degradado (G)** de fondo para oscurecer gradualmente la imagen del cuadro, asegurándonos de que vaya del negro al gris y bajándole la opacidad en caso de necesitarlo.

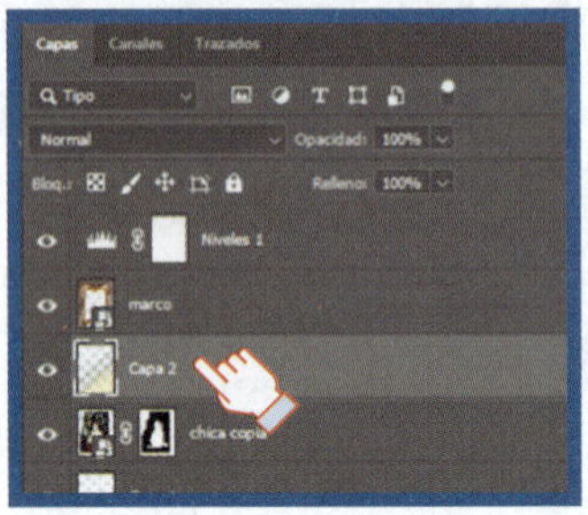

11 Aplicamos otro degradado, esta vez, para iluminar, de un color claro y en diagonal sobre la capa de la modelo.

Con los degradados podemos conseguir tanto luces como sombras que brinden homogeneidad a nuestras fotografías. En este caso podemos lograr el efecto de una decoloración por el paso del tiempo.

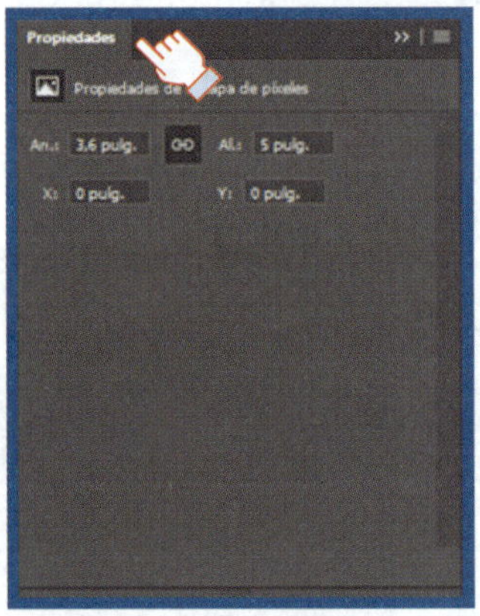

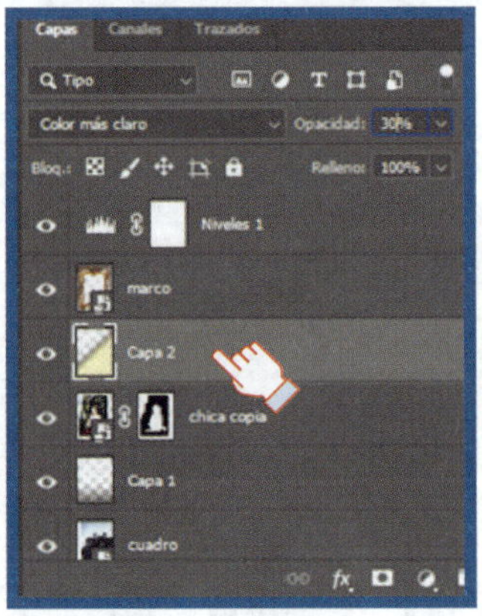

12 Cambiamos la opacidad de la capa de iluminación a un **30%** y en Modo de Fusión elegimos **Color más Claro**.

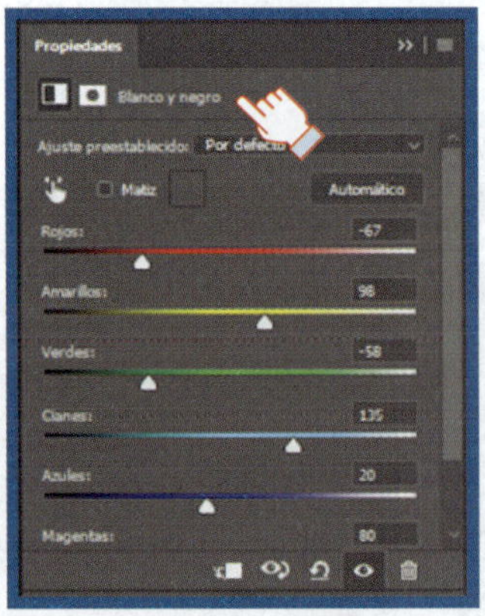

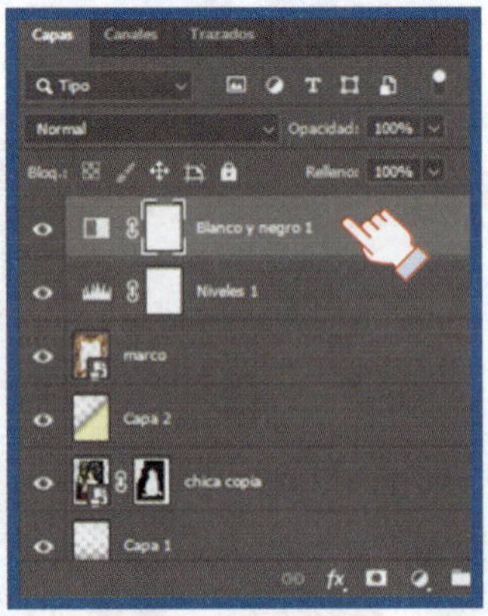

13 Creamos una **Capa de Ajuste Blanco y Negro** sobre la totalidad del trabajo, y en el panel de opciones, controlaremos cómo esta afecta a los colores. Dado que el vestido y los labios de la chica son de color rojo, acercamos el valor del rojo al negro para generar mayor contraste en el rostro, mientras que los amarillos son luz y los llevamos al extremo de los blancos.

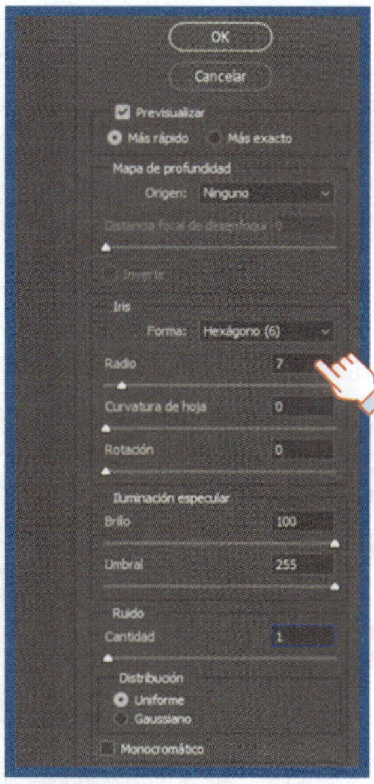

14 Si observamos imágenes antiguas, notaremos la baja definición que tienen, por lo que imitaremos ese efecto desenfocando solo un poco a nuestra modelo a partir de **Filtro/Desenfoque/ Desenfoque de lente, donde** asignamos un valor de **7**.

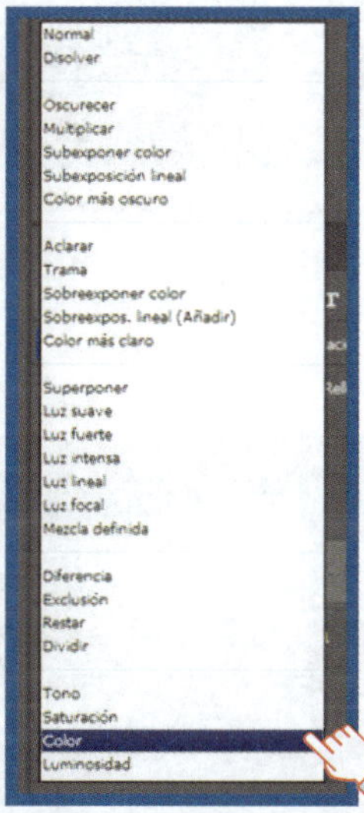

15 Convertimos la imagen a color sepia, para lo cual pintamos una capa nueva de color castaño desaturado y cambiamos su **Modo de Fusión** a **Color.**

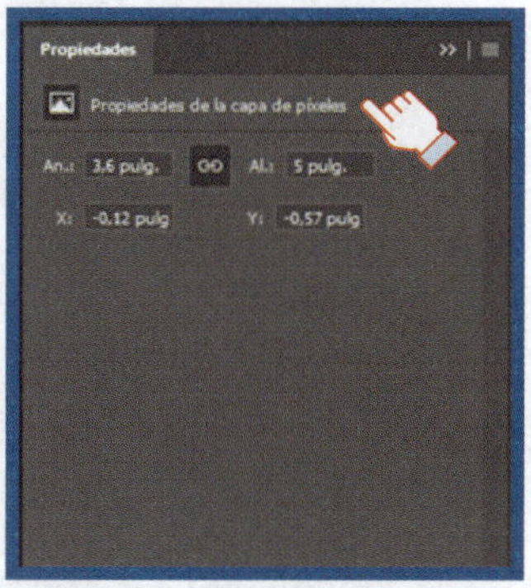

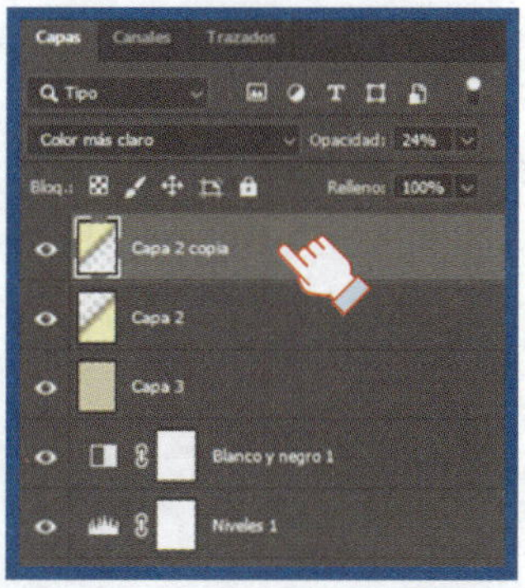

16 Subimos el degradado de luz que habíamos hecho en un principio y lo colocamos sobre la capa sepia. Podemos duplicar la capa con **Ctrl + J** y espejarla para tener también un halo de luz sobre el rostro de la modelo.

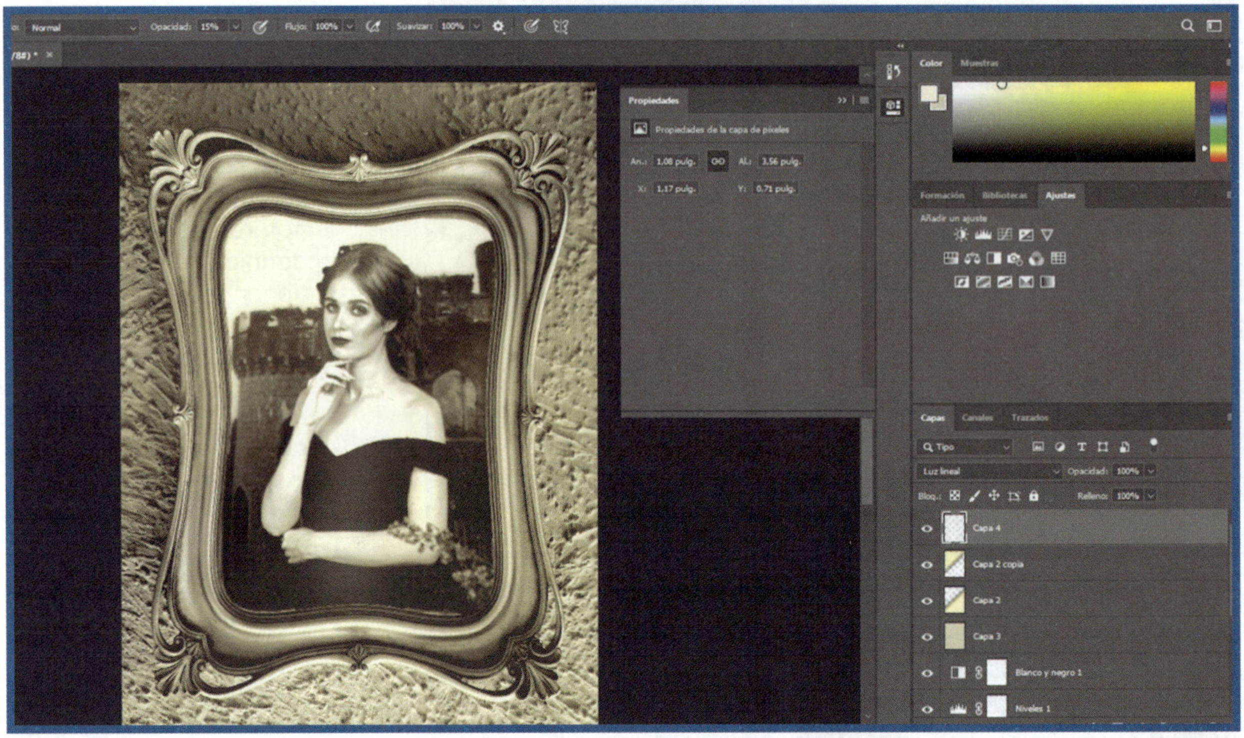

17 Generamos una capa en **Modo de Fusión Luz Lineal** para poder agregar una iluminación tenue sobre la modelo, haciendo un trazo vertical y utilizando el pincel en dureza y opacidad al **15%** de un color blanco o crema claro.

18 Utilizamos una textura de papel para que la foto sea aún más creíble. Para esto, importamos la imagen del papel y la ubicamos sobre la foto con **Ctrl + T**.

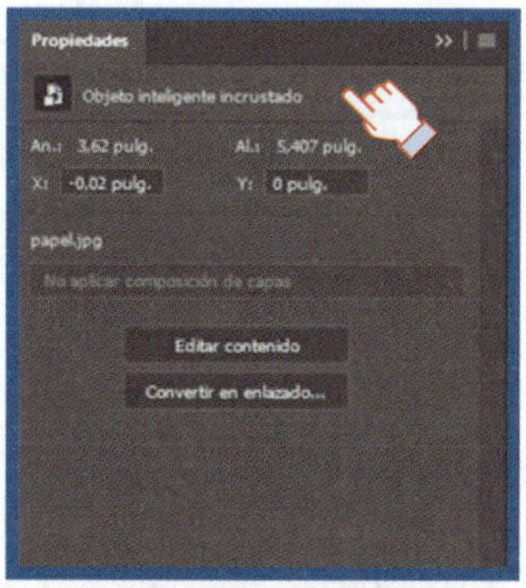

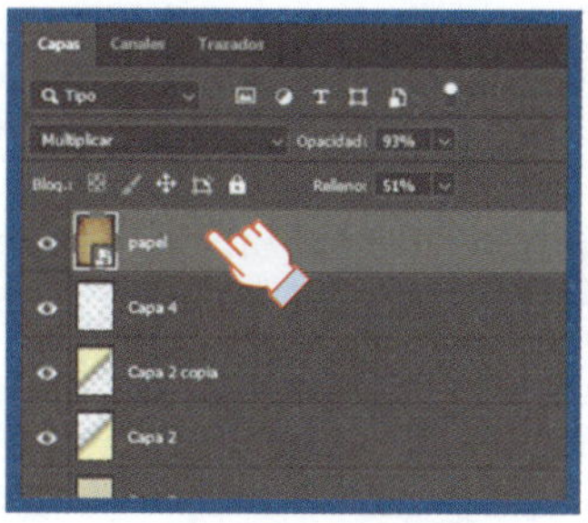

19 Para que se fusione con el resto de la imagen, solo tenemos que cambiar su **Modo de Fusión** al que consideremos que queda mejor con la composición.

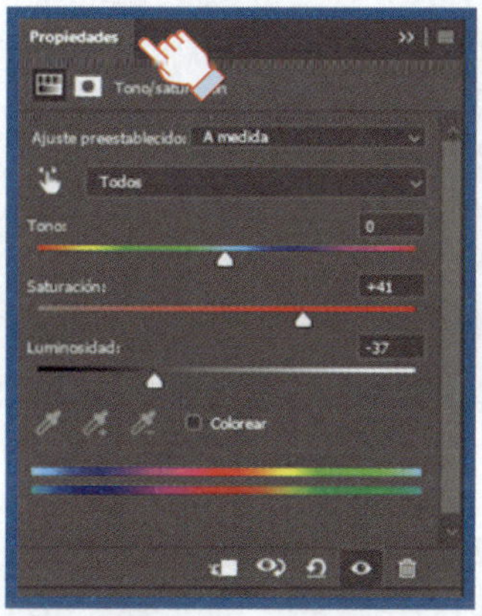

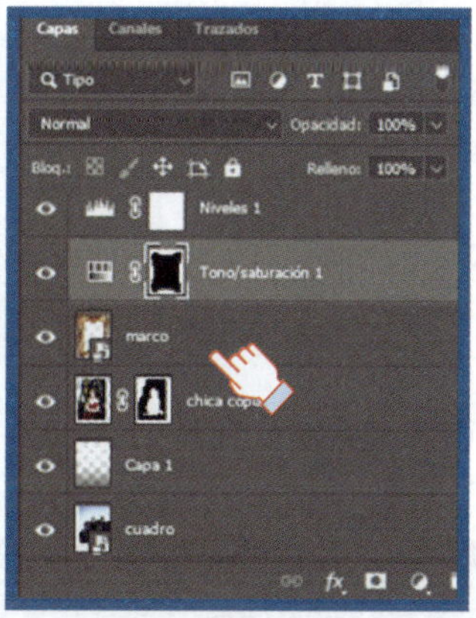

20 Oscurecemos la pared sobre la que cuelga el marco a partir de una capa de ajuste de **Tono y Saturación**, para generar mayor profundidad.

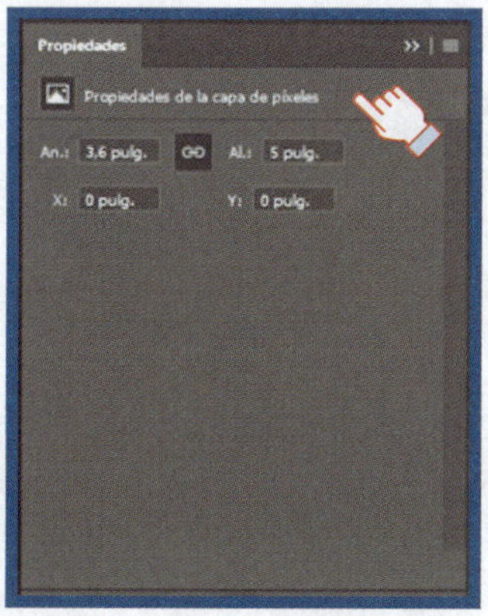

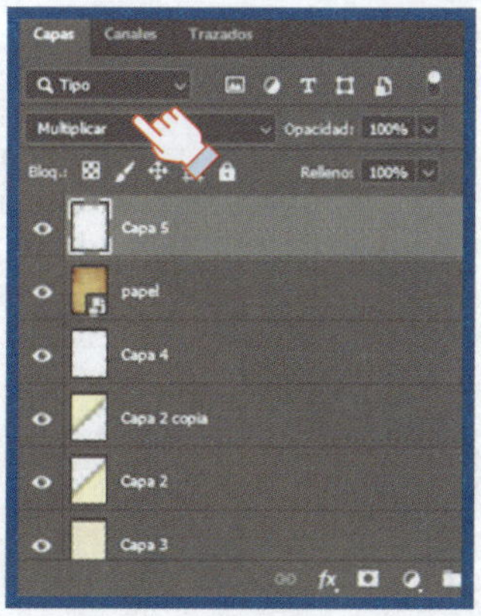

21 Como paso final, creamos una viñeta partiendo del pincel en dureza baja y con una **opacidad** del **20%**, y vamos dando pinceladas en los bordes de la imagen para que se oscurezca. Si queda demasiado clara, podemos seguir controlando la opacidad del pincel para generar un efecto de degradado. Utilizando el Modo de Fusión en **Multiplicar**, creamos una viñeta de sombras muy natural que enmarcará muy bien todo el trabajo.

Efecto luz de neón

Crearemos un cartel luminoso retro que bien puede servirnos como póster, cubierta de discos o, incluso, como una buena portada para las redes sociales. Vamos a realizar la transformación de una tipografía desde cero hasta convertirla en tubos de neón, y agregaremos resplandor y luz con los Modos de fusión. Como detalle, aprenderemos a dibujar con el Modo Simetría y a dar volumen partiendo de gradientes.

Para seguir esta guía y hacer el efecto de neón, es recomendable elegir palabras cortas y fuentes que no sean muy complejas. Aprenderemos a utilizar la opción Bisel y Relieve para dar un efecto 3D sobre los trazos, y lograremos un acabado realista y fluorescente partiendo solo de una palabra y una textura de fondo.

No olvidemos que cuanta más textura tenga la imagen de la pared, más real será la incidencia de luz, ya que dará volumen y sombras a cada relieve del muro.

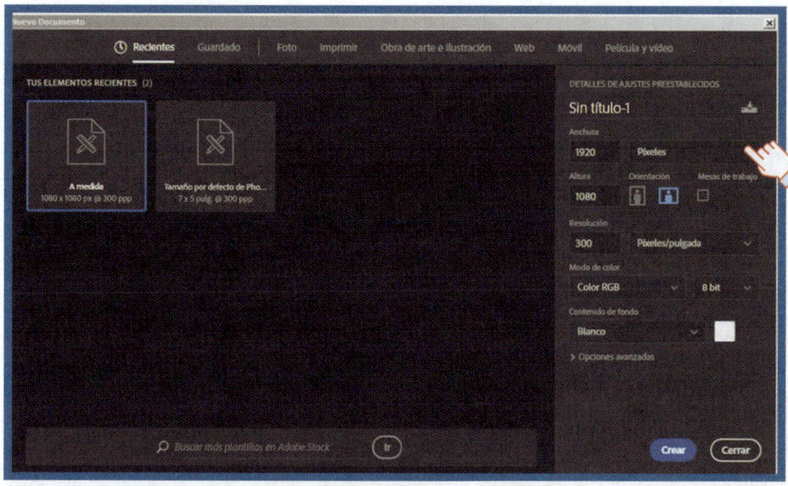

1 Para comenzar, creamos un nuevo documento de trabajo con las medidas que creamos convenientes; en este caso trabajaremos sobre un lienzo de **1080 x 1920 píxeles** con una resolución de **300 dpi**.

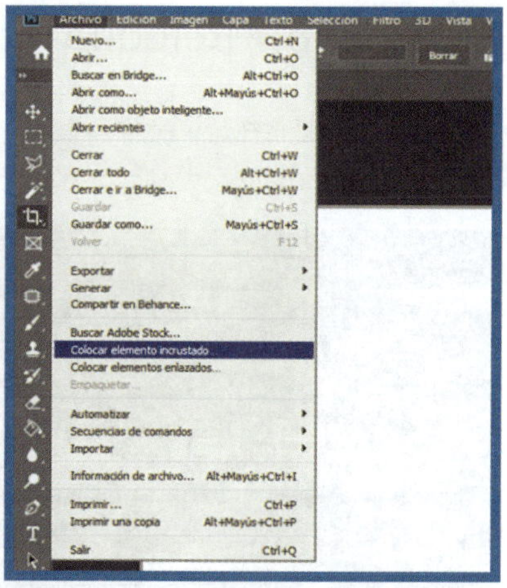

2 Importamos la imagen de fondo. Es buena idea trabajar con texturas, ya que lo que nos importa es la luz, más que la definición. En este caso elegimos trabajar con una fotografía de un muro para darle más realismo a la imagen. Para importarla, hacemos clic en la barra superior **Archivo/Colocar Elementos Incrustados**.

3 Ajustamos la fotografía para darle mayor contraste creando una **Capa de Ajustes** de **Niveles.**

4 Como la fuente de luz será nuestro cartel luminoso, es importante bajarle la saturación a la foto. De esta manera, conseguimos un aspecto oscuro que, finalmente, hará resaltar más el efecto de neón. Para esto, vamos nuevamente a **Crear Capa de Ajuste** y editamos una capa de **Tono/Saturación.**

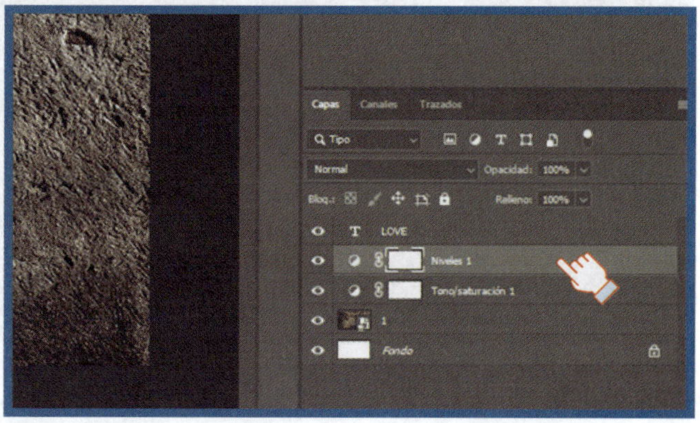

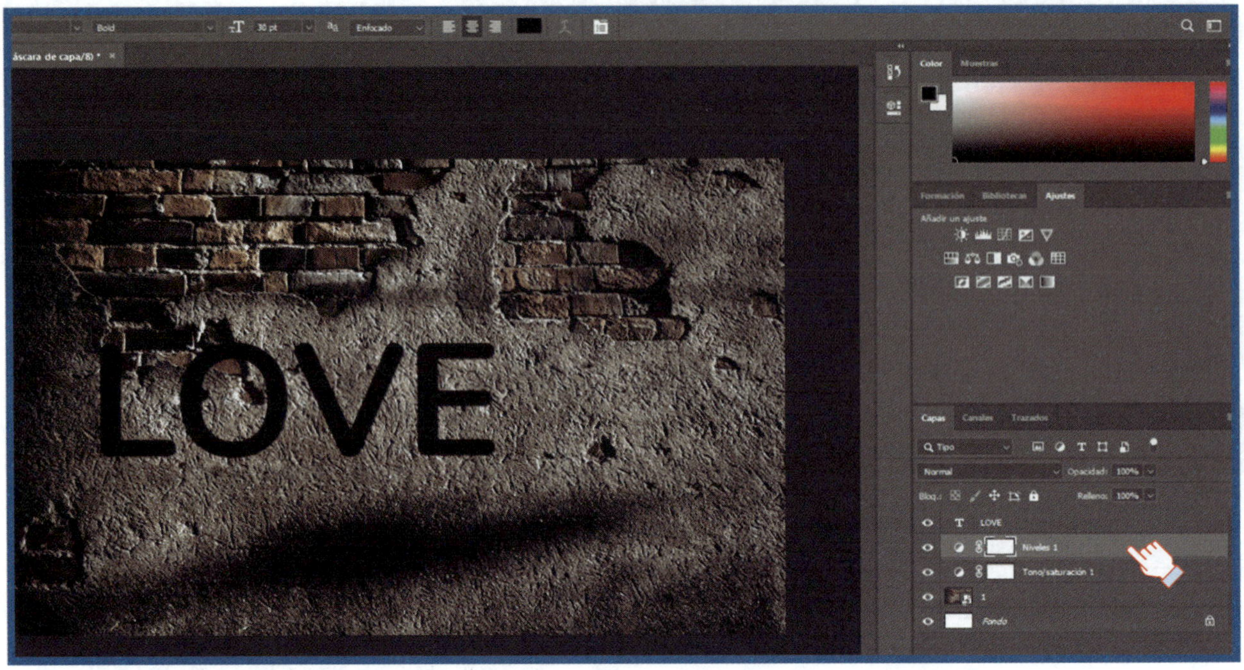

5 Escribimos el texto en mayúsculas y, para obtener más realismo, utilizamos una fuente con vértices redondeados que nos facilite el proceso de convertirla en tubos. En este caso utilizamos **Nunito Bold**.

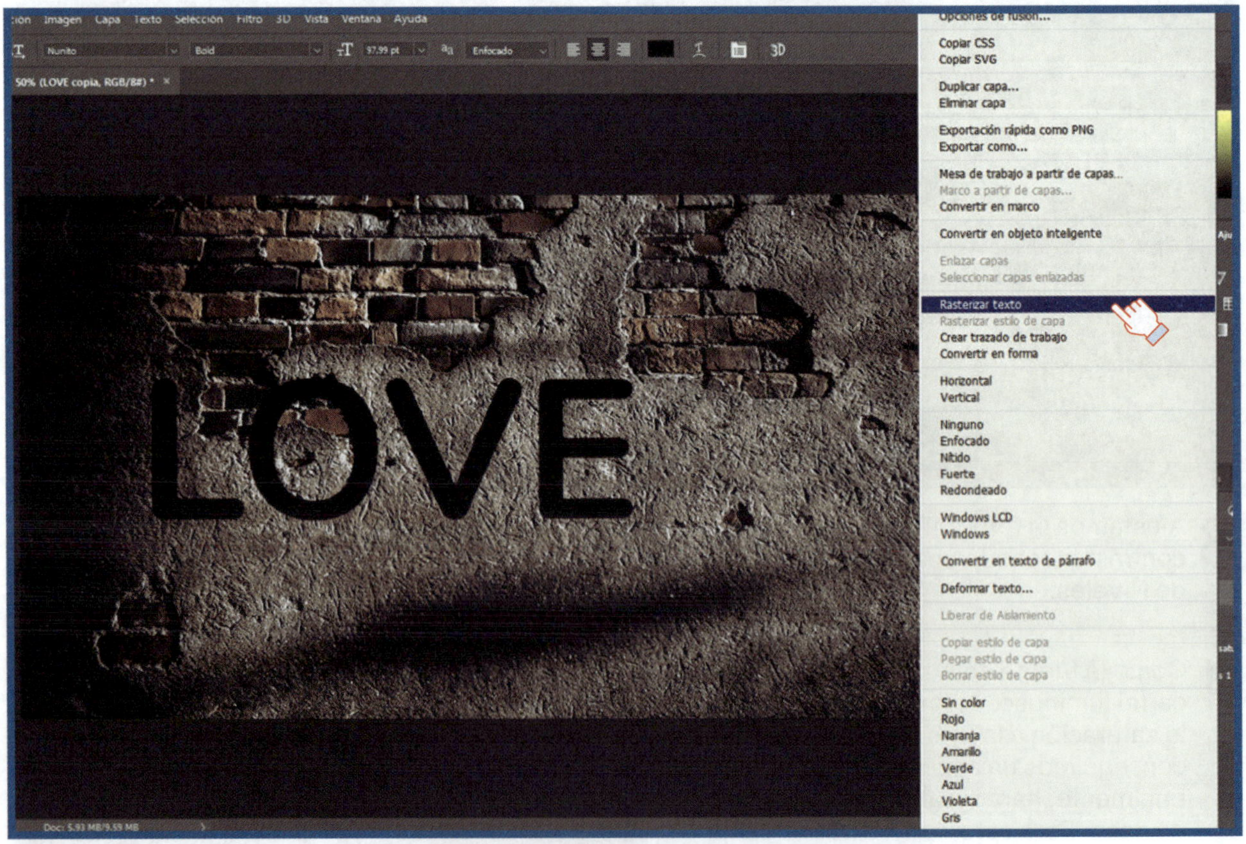

6 Duplicamos la capa texto y la ocultamos para utilizarla más adelante. Mientras tanto, con la que tenemos visible, hacemos clic derecho y seleccionamos la opción **Rasterizar**.

7 Utilizamos las herramientas de selección que más nos convengan para dividir los trazos verticales y horizontales.

8 Una vez seleccionados, vamos a **Edición/Cortar** y, posteriormente, a **Edición/Pegado Especial/Pegar en contexto**, de modo que cada parte quede en una capa diferente. Separamos los trazos horizontales y verticales en distintas capas de trabajo.

9 Redondeamos los bordes que cortamos de cada letra utilizando la herramienta **Selección Elíptica**, hacemos clic derecho para seleccionar inverso y luego borrando los sobrantes. Para facilitar la tarea, podemos ocultar la capa fondo y así ver con más detalle lo que modificamos. **Duplicamos** dos veces cada capa y las ocultamos para trabajar con mayor comodidad, presionando el atajo **Ctrl + J**. Para estar más organizados, nombramos las capas de la manera en que queramos.

Continuaremos por la Capa 1 Vertical; pasamos el **relleno** de capa a 0% y, haciendo clic derecho, seleccionamos **Opciones de Fusión**, de manera que podamos comenzar a agregar estilos al texto. Haciendo clic en la opción **Superposición de Colores**, elegimos el color base de nuestros neones, como, por ejemplo, un tono morado ni muy claro ni muy oscuro. Luego continuamos con los siguientes pasos:

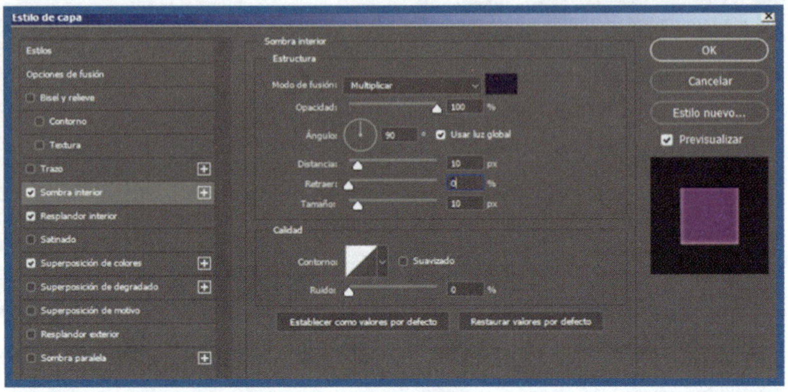

1 Por un lado, marcamos la Opción **Resplandor interior**. Nunca usaremos un color completamente blanco, sino que vamos a un tono mucho más claro que el original, un blanco sucio si se quiere; en este caso utilizamos un color morado bien claro. También agregamos **Sombra interior** de un tono más abajo que el color base de la tipografía.

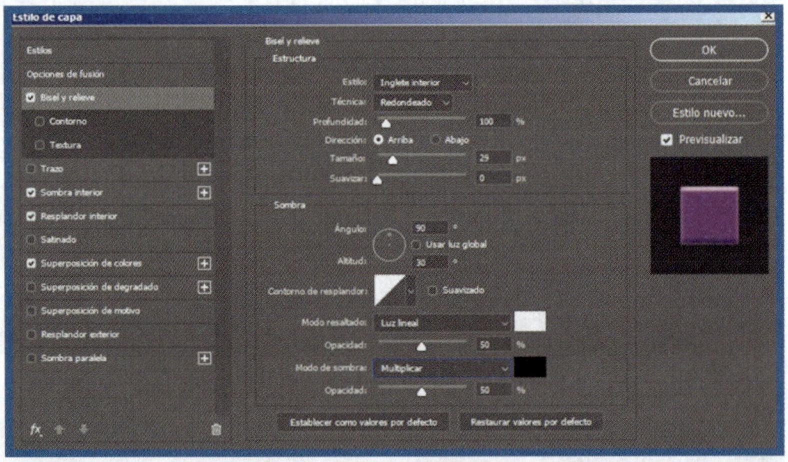

2 Aplicamos la opción de **Bisel** y **Relieve** con Modo de Resaltado **Luz Lineal**.

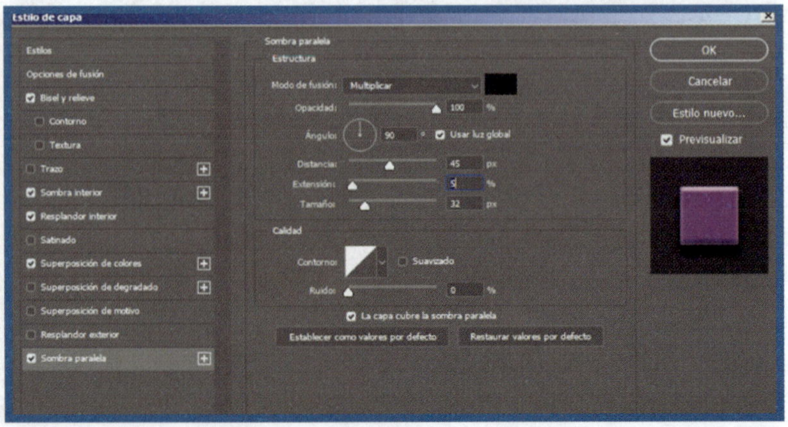

3 Sumamos una **Sombra Paralela** que terminará de dar profundidad a las letras.

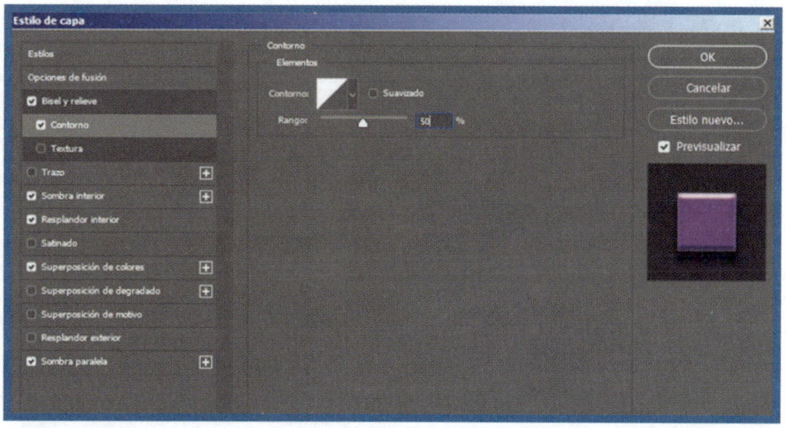

4 Por último, en el menú de **Contorno** de Bisel y Relieve, le asignamos un valor del 50%.

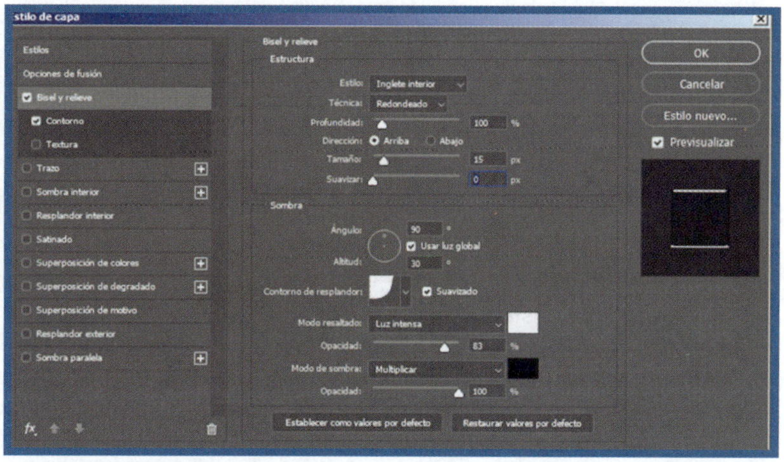

5 Trabajaremos ahora sobre la otra copia Vertical, para lo cual, en el sector de Bisel y Relieve, asignamos un **Contorno: Desnivel Profundo** en **Luz Intensa** y un **Contorno en Cono-Invertido** para que brille más al **50%**.

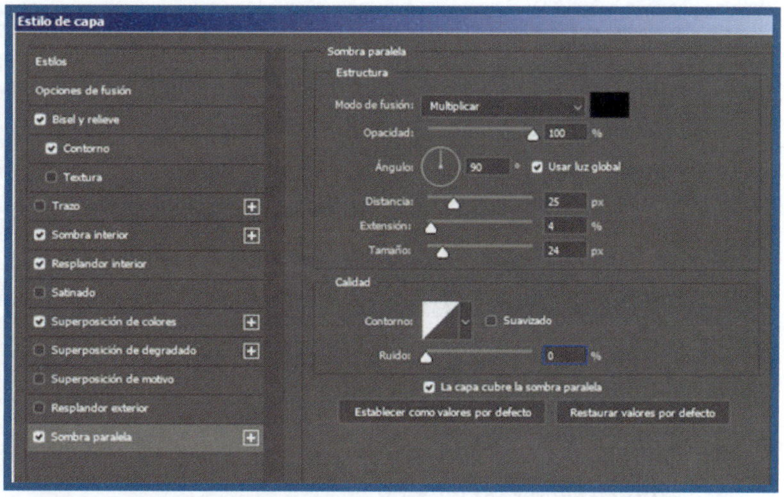

6 Para la primera capa vertical utilizamos los mismos parámetros que para la horizontal, variando únicamente el **ángulo** del Bisel y Relieve de manera que se adapte a las necesidades de la inclinación de la tipografía.

Es importante considerar que podemos conseguir un volumen impresionante trabajando con las opciones de fusión.

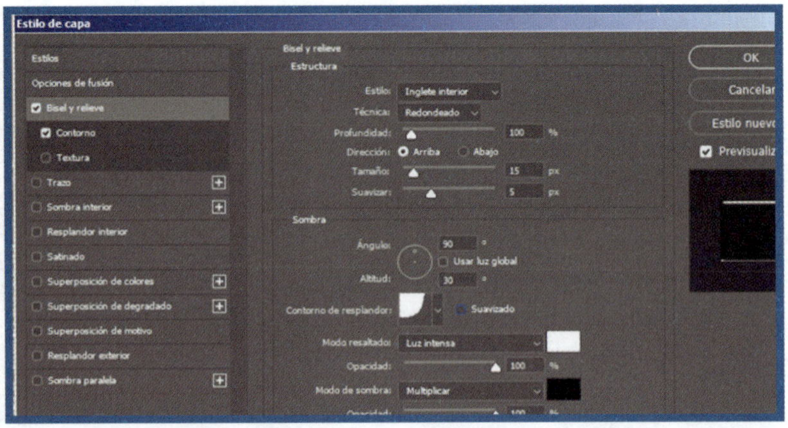

7 Para la segunda capa, agregamos un contorno **Diente de Sierra 2**.

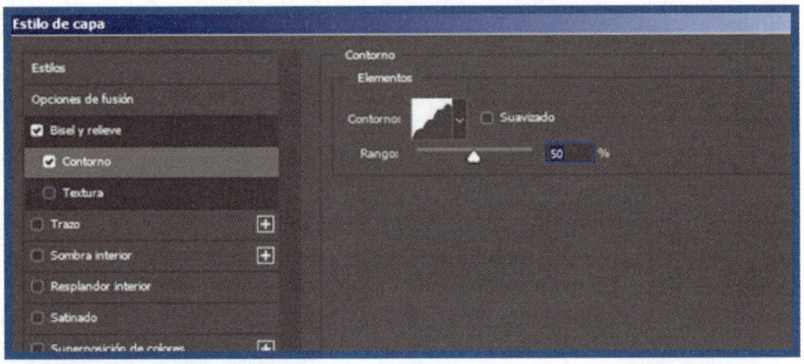

8 Marcamos la casilla **Resplandor Interno** y sumamos un **ruido** del **5%.** Agregamos un **Resplandor Externo** con los parámetros que creamos convenientes.

9 Una vez finalizadas las opciones de fusión, pasamos a crear más resplandor y a dibujar el cable que conecte todos los tubos. Para hacerlo, generamos una nueva capa y cambiamos su modo de fusión a **Luz Lineal**. Cuando trabajamos con documentos de muchas capas, es importante nombrarlas para facilitar la tarea; esta capa se llamará **Luz de Fondo**.

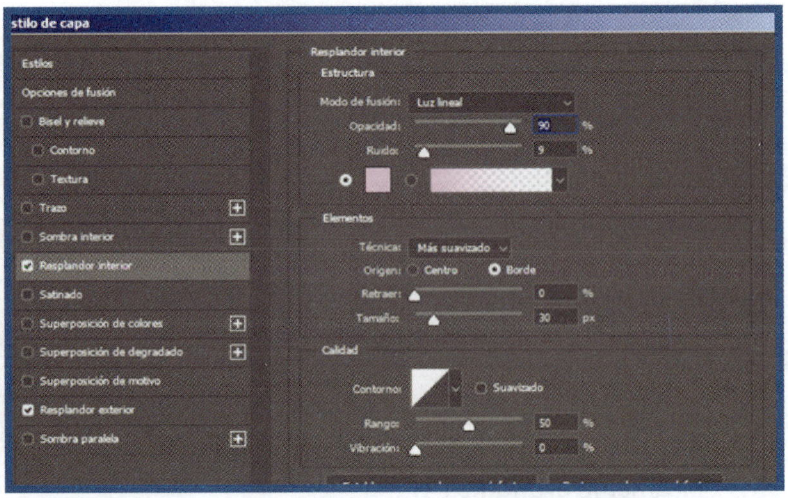

10 Establecemos un color luminoso que se adecue a los colores de los tubos y, utilizando un **Pincel (B)** de **Dureza Baja** y un tamaño grande, damos pequeños toquecitos sobre todo el lienzo para iluminar la proyección del neón.

Podemos usar cualquier color para el cartel, pero es conveniente buscar fotografías de carteles para orientarnos.

11 Pasamos a dibujar el cable, para lo cual utilizamos un **Pincel (B)** con una dureza del **50%** y un tamaño pequeño. Debemos asegurarnos de que el color no sea totalmente negro, ya que produciría un resultado muy artificial. Por lo tanto, utilizamos un tono café con muy baja saturación y vamos dibujando líneas que conecten los tubos verticales y horizontales.

12 Trabajamos ahora sobre las **Opciones de Fusión** del cable. Asignamos una sombra paralela suave color negro y un **Gradiente** que oscurezca los bordes de manera sutil.

13 Para que el cable adquiera más realismo, vamos a sumarle unas fichas en los sectores donde se conecte con los tubos y algunas de forma aleatoria. Utilizamos la herramienta **Rectángulo (U)** y creamos distintas fichas según lo requiera el diseño.

Recordemos que la clave para la iluminación de cualquier objeto en Photoshop es tener un buen manejo de las sombras para conseguir un efecto realista.

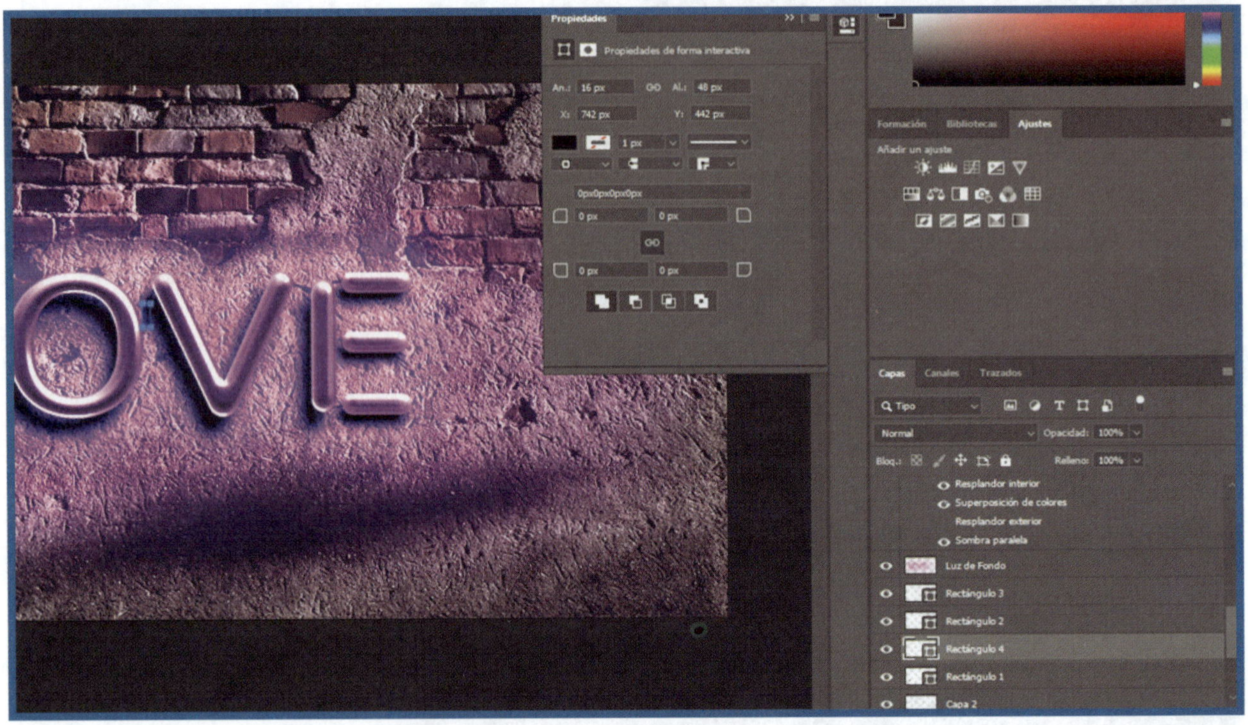

14 Adaptamos las fichas al volumen del cable, por lo que hacemos clic derecho, elegimos **Deformar** y movemos los nodos para darle una forma cilíndrica a cada una. También recordemos modificar las **Opciones de Fusión** según los parámetros que hayamos manejado para los cables.

15 Es importante saber que la técnica del neón puede usarse no solo en tipografía, por lo que agregaremos el dibujo de un corazón. Para que quede perfecto, aplicamos la herramienta **Simetría**, que tiene el icono de mariposa, y elegimos la opción **Vertical**. Trazamos una línea donde queremos que esté el centro de la figura.

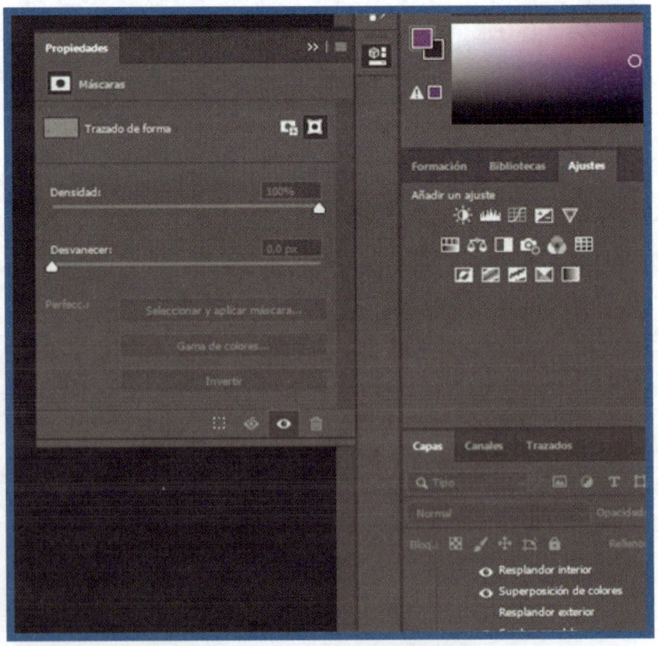

16 Trabajamos con el **Pincel** en una **Dureza** del **100%** y dibujamos la mitad del corazón en un lado. Veremos que automáticamente se espeja del otro.

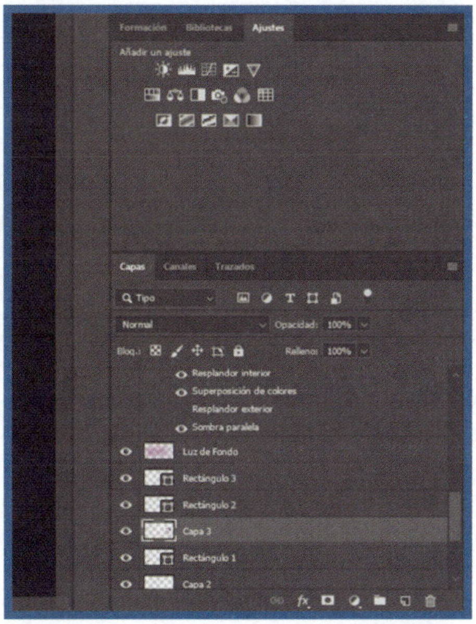

17 Duplicamos la capa y agregamos sobre el corazón los mismos parámetros de **Opciones de fusión** con los que trabajamos el texto, para que tenga el efecto brillante.

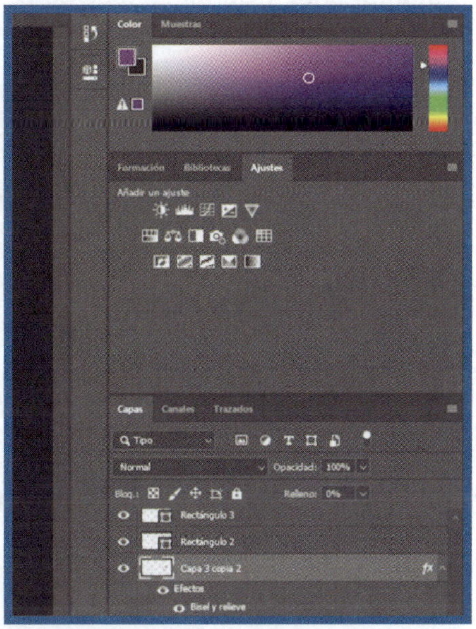

18 Agregamos en la capa **Luz de Fondo** unos toquecitos de color para iluminar, y añadimos los cables.

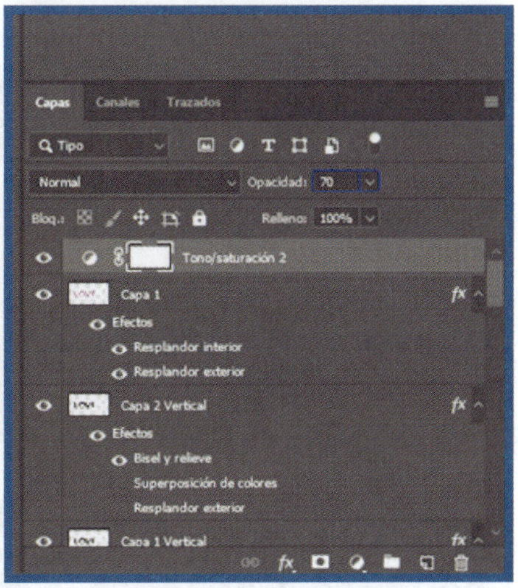

19 Como paso final, oscurecemos aún más la textura del muro y creamos una **Capa de Ajuste** de **Color sólido** que afecte todas las capas del documento. Modificamos su modo de fusión a **Luz Intensa**, de modo que agregue una tonalidad neón a toda la imagen.

Restaurar y colorear fotografías antiguas

Restaurar una fotografía puede ser un proceso lento, pero no imposible. Si bien cada una tiene sus propias características, y el proceso de restauración varía según la calidad que tenga, en este proyecto utilizaremos las herramientas básicas para corregir detalles perdidos, rasguños o manchas, y utilizaremos el Estabilizador de Imagen y el Filtro de Camera Raw para darle el enfoque y la definición que perdió con el paso del tiempo. De este modo, podremos recuperar viejas memorias para subirlas a nuestras redes sociales, imprimirlas y actualizar nuestro álbum familiar, o ponerlas en un cuadro y colgarlas de alguna pared de nuestra casa. Vamos a restaurar una fotografía desde cero, corrigiendo imperfecciones como la falta de color o luminosidad.

La primera recomendación es la paciencia: este tipo de restauraciones requiere retoques finos, y a veces podemos tardar una buena cantidad de tiempo para que los resultados sean los que deseamos. Lo mejor es retocar lo máximo posible para así obtener un buen acabado. En cuanto al color de la foto, se lo agregaremos utilizando Capas de Ajuste y Modo de Superposición, según lo creamos conveniente en cada caso.

Si tenemos fotos para colorear, debemos recurrir a un escaneo de buena calidad y de adecuada resolución para no tener que retocar errores de sombras o grisados propios de la digitalización.

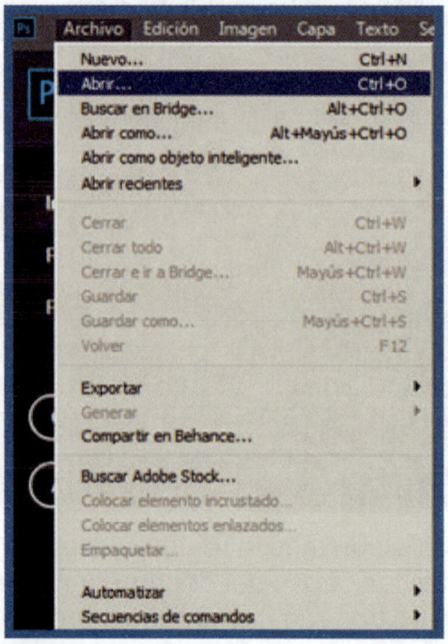

1 Abrimos la foto que queremos editar en Photoshop haciendo clic en **Archivo/Abrir** y buscándola en la PC.

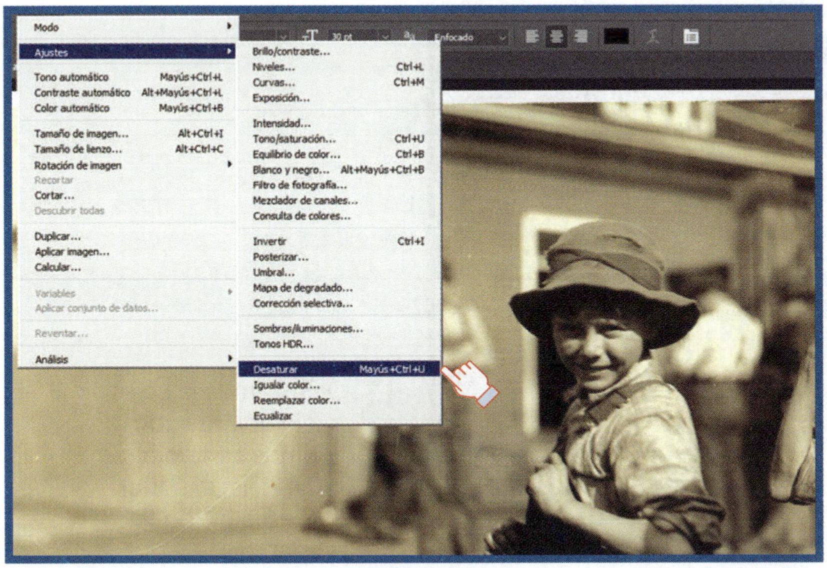

2 Para empezar, vamos a pasar la totalidad de la foto a Blanco y Negro, incluso en el caso de que ya sea así, porque con el paso del tiempo, la imagen va tomando color y suciedad. Para hacerlo, nos dirigimos a **Imagen/Ajustes/ Desaturar** o presionamos **Mayus + Ctrl + U** para disimular todo tipo de manchas.

3 Eliminaremos los rayones y las roturas más grandes, para lo cual podemos utilizar cualquiera de las herramientas de corrección. Empezamos con el **Tapón de Clonar** para detalles con cambios de iluminación muy fuertes, presionando **Alt** para tomar una muestra de color y pintando con **Dureza** blanda y pequeños toques.

4 Usamos laopción **Usar parche como origen** para sectores con demasiada textura, ya que el Tapón de Clonar puede crear borrones. Seleccionamos el área y hacemos clic derecho para elegir **Usar Muestra de Origen**.

5 Deslizamos la selección hacia un área con las mismas condiciones lumínicas; al soltarla, veremos la zona emparchada.

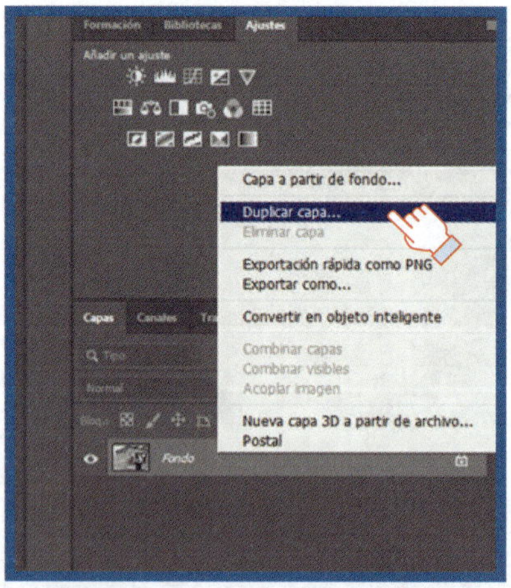

6 Ahora que ya tenemos la fotografía limpia de arañazos y roturas, vamos a pasar a recuperar el enfoque. Antiguamente, las cámaras no tenían tanta definición, y el paso de los años podía causar estragos en la imagen. Como primer paso para evitar errores, duplicamos la capa presionando **Ctrl + J**.

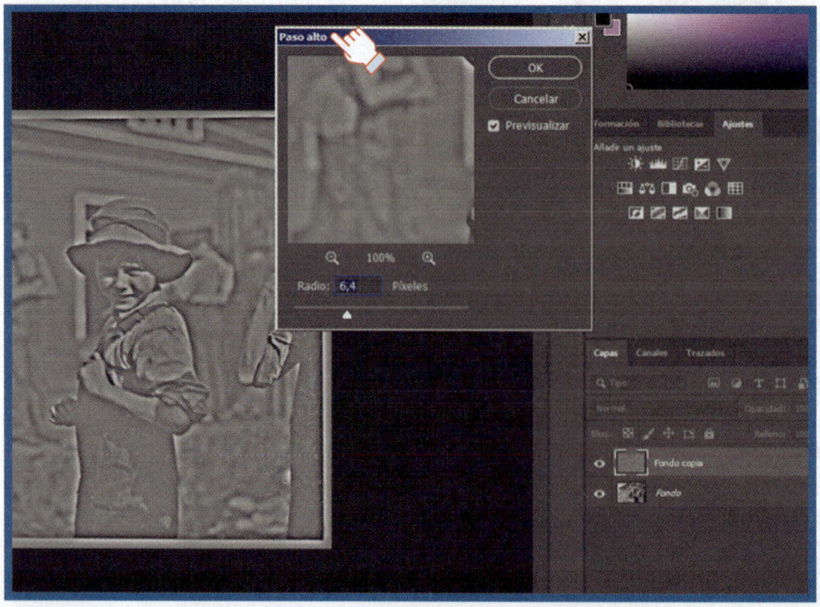

7 Sobre la capa duplicada utilizamos el **Filtro Paso Alto**, para lo cual nos dirigimos a **Filtros/Otro/ Paso Alto**. Los valores dependerán del enfoque de la fotografía; buscamos marcar la textura, pero evitaremos trazos dobles y ruido en la imagen.

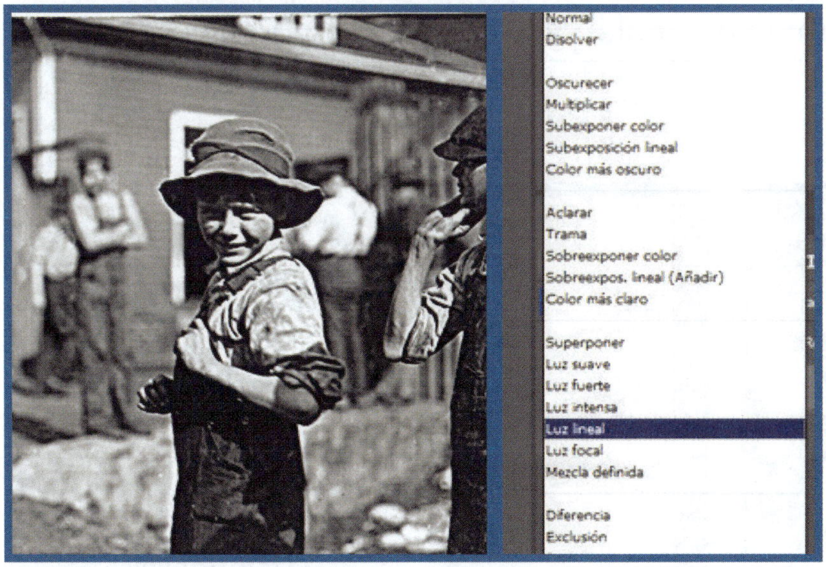

8 Ponemos en Modo de Fusión **Luz Lineal** y bajamos la opacidad de la capa para que se adapte correctamente a la imagen.

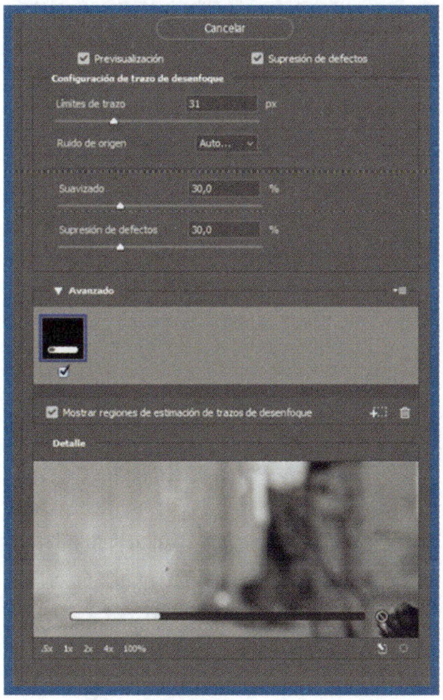

9 Utilizaremos el Estabilizador de imagen, para lo cual duplicamos nuevamente la capa fondo y vamos **a Filtros/ Enfocar/Estabilizador de Imagen**. Esta se ajustará automáticamente.

Es importante no sobrepasarnos con los filtros de Camera Raw, ya que es fácil quemar la imagen y obtener un resultado artificial.

10 Como paso final en el proceso de restauración, acoplamos las capas con **Ctrl + E** y editamos la foto con el **Filtro de Camera Raw**. Hacemos clic en **Camera Raw** y seleccionamos el submenú **Detalle**. Ahí tenemos la barra de **Cantidad de Enfoque**; la desplazamos hasta conseguir la definición deseada.

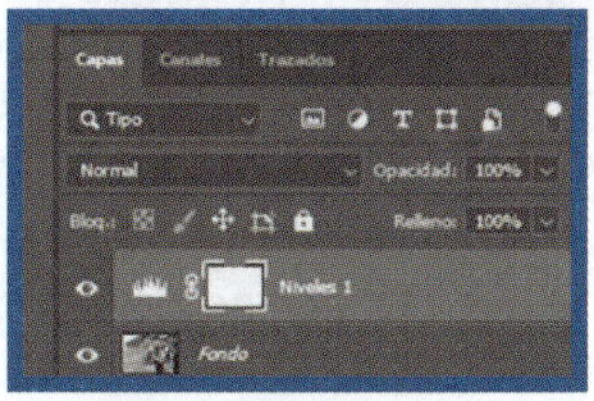

11 Pasamos ahora a la parte del **Color**. Es importante ajustar la iluminación de la fotografía mediante capas de niveles o curvas. Para esto, vamos a **Crear Capa de Ajuste/Niveles** y manipulamos los contrastes.

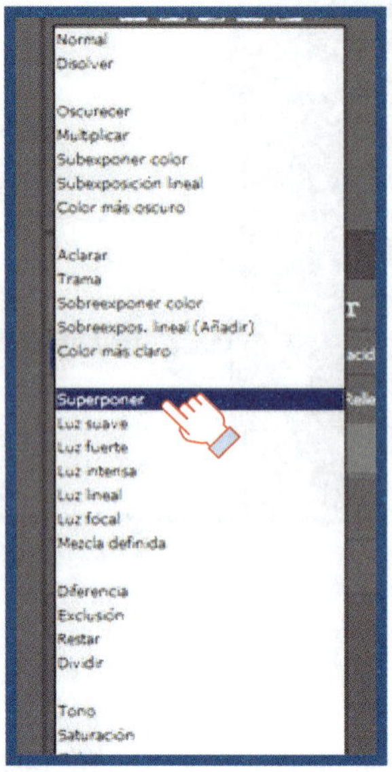

12 Probaremos distintos modos de colorear la foto. El primero lo utilizaremos para el fondo, y comenzaremos creando una capa nueva y modificando su Modo de Fusión a **Superponer**.

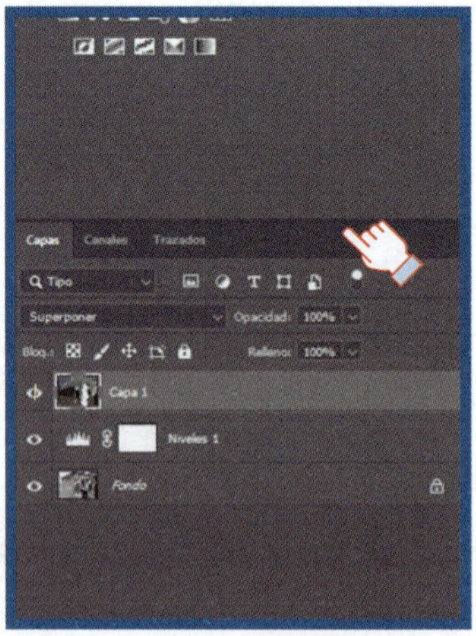

13 Pintamos el fondo como si la capa fuera un papel de cebolla. No importa que quede perfecto, ya que la fotografía original aporta el contraste necesario a la imagen.

14 Regulamos la **Opacidad** de la capa de manera que los colores se aprecien bien. Es buena idea controlar también la saturación de la paleta que utilizamos, ya que al tratarse de una foto antigua, esto evitará que se vea artificial. En caso de que queramos oscurecer aún más los colores, podemos crear un duplicado de la capa en modo **Luz Lineal**.

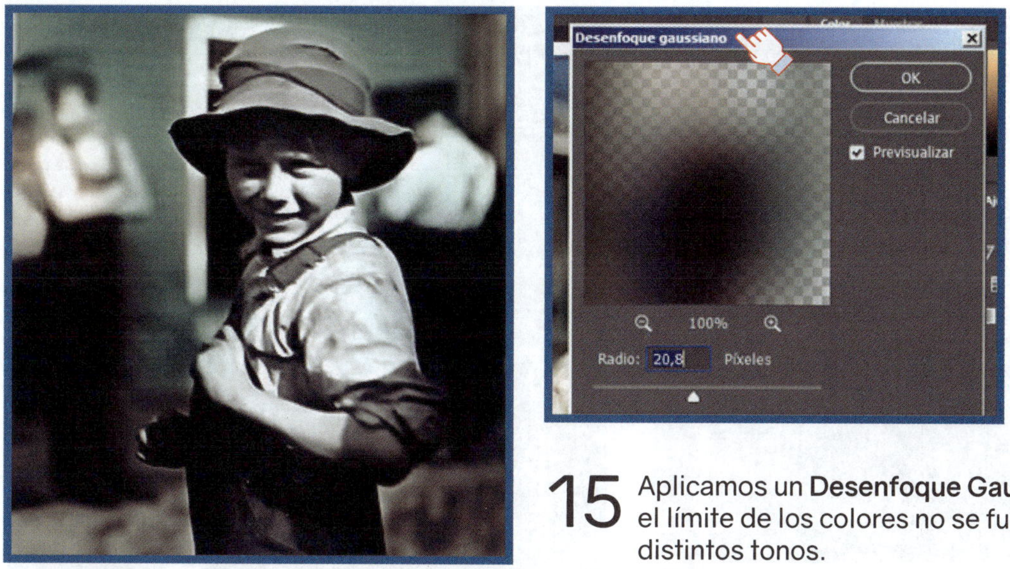

15 Aplicamos un **Desenfoque Gaussiano** para que el límite de los colores no se fusione entre los distintos tonos.

16 Otro método que podemos utilizar para áreas más detalladas, como puede ser el personaje principal de la fotografía, es la selección. Primero seleccionamos todas las zonas donde sabemos que el color va a repetirse.

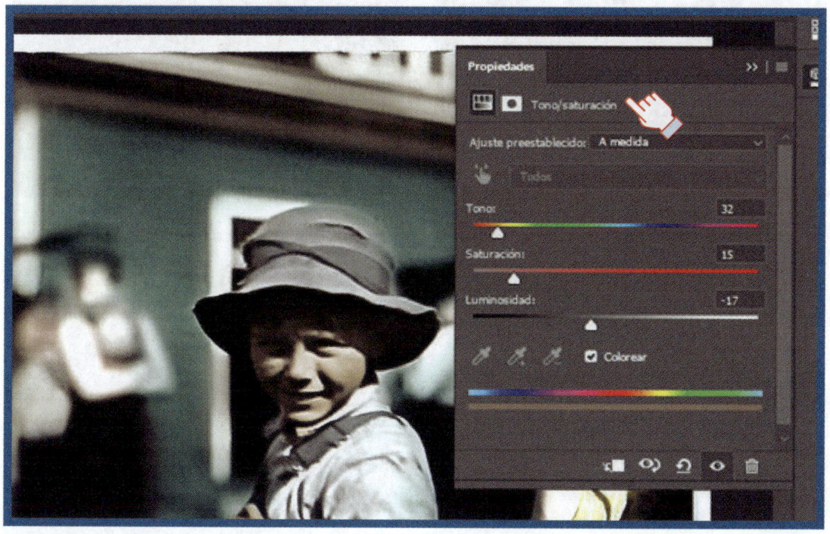

17 Creamos una **Máscara de Capa** y una **Capa de ajuste** sobre esa selección de **Tono/Saturación**. Marcamos la opción **Colorear** y escogemos los colores que más se adecuen a la imagen. El beneficio de esta forma de colorear es que nos permite tener un mayor control del color que asignamos, ya que trabajamos paralelamente con todos los parámetros de luz, tono y saturación.

18 Reencuadramos la imagen utilizando la herramienta **Recortar (C)**.

19 Por lo general, las fotos no tienen grandes superficies de colores planos, y es necesario que les demos diversas tonalidades, por lo que creamos una nueva capa en modo **Superponer** y vamos agregando detalles a la imagen con un pincel de baja opacidad y poca dureza, como pueden ser rubor en las mejillas, tierra en los pantalones y distintas tonalidades en el cielo. Todos estos detalles conseguirán darle un acabado realista a la fotografía.

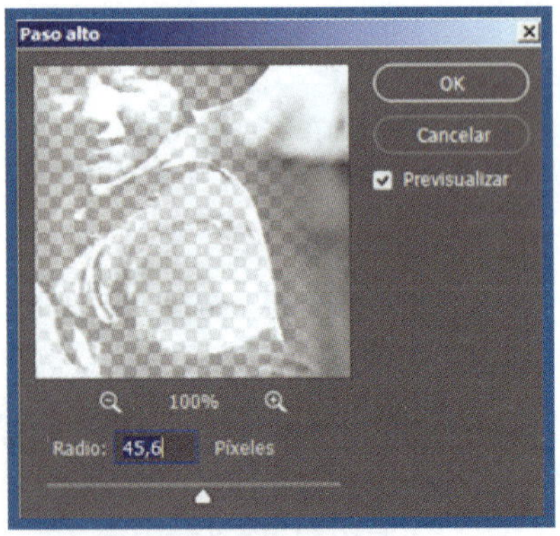

20 El fondo sigue un poco desenfocado, por lo que seleccionamos todo y, con **Ctrl + J**, duplicamos la selección a una capa nueva. Vamos a **Filtro/Otro/Paso Alto** y, una vez conformes con la textura, ponemos la capa en **Modo Superponer**.

21 Finalmente, creamos una Capa de **Tono/ Saturación** para integrar todas las modificaciones que hemos hecho.

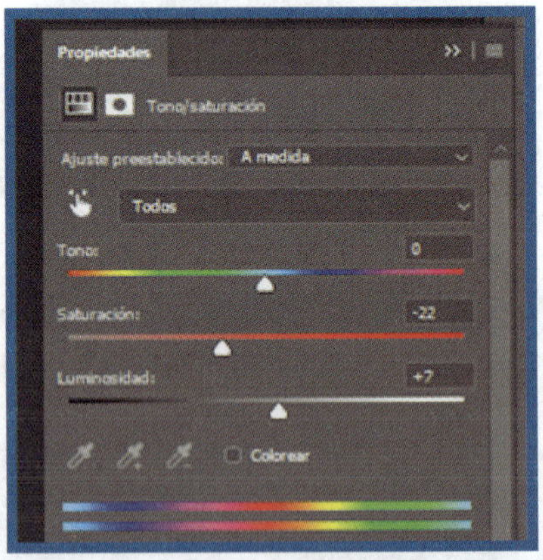

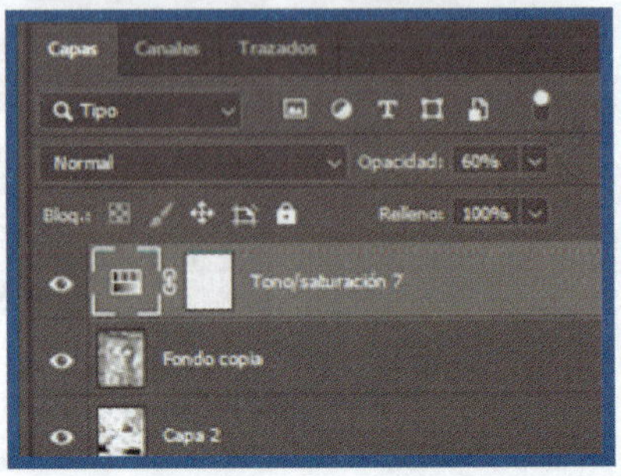

USERS
Volumen I
Desarrollo Mobile
El Universo Frontend y Materialize
Estructura del Sitio - Formulario de Contacto
Video y Redes Sociales
USERS
Photoshop
Proyectos prácticos
Retoque fotográfico básico y avanzado
Efectos especiales y fotomontajes
Procesamiento de imágenes
¡PARA APRENDER HACIENDO!
USERS
INFORME 53
TRUCOS PARA TU ROUTER WI-FI

Hombre bestia

En este proyecto aprenderemos a transformarnos a nosotros mismos o a nuestros amigos en un hombre bestia a partir de una foto retrato y otra de un animal favorito. Utilizaremos herramientas como Filtro de Paso Alto y Modos de Fusión para crear un efecto especial realista lleno de transparencias y profundidades.

Crear un fotomontaje que transforme la cara de alguien en segundos suena a un trabajo de horas frente a la computadora. Sin embargo, en esta ocasión haremos una fotomanipulación brillante en unos simples pasos, para convertir el rostro de una persona en un ser de fantasía.

Los modos de fusión son excepcionales para este trabajo, ya que gracias a su método de combinación de color, nos permiten agregar información a otra capa sin perder volumen ni textura.

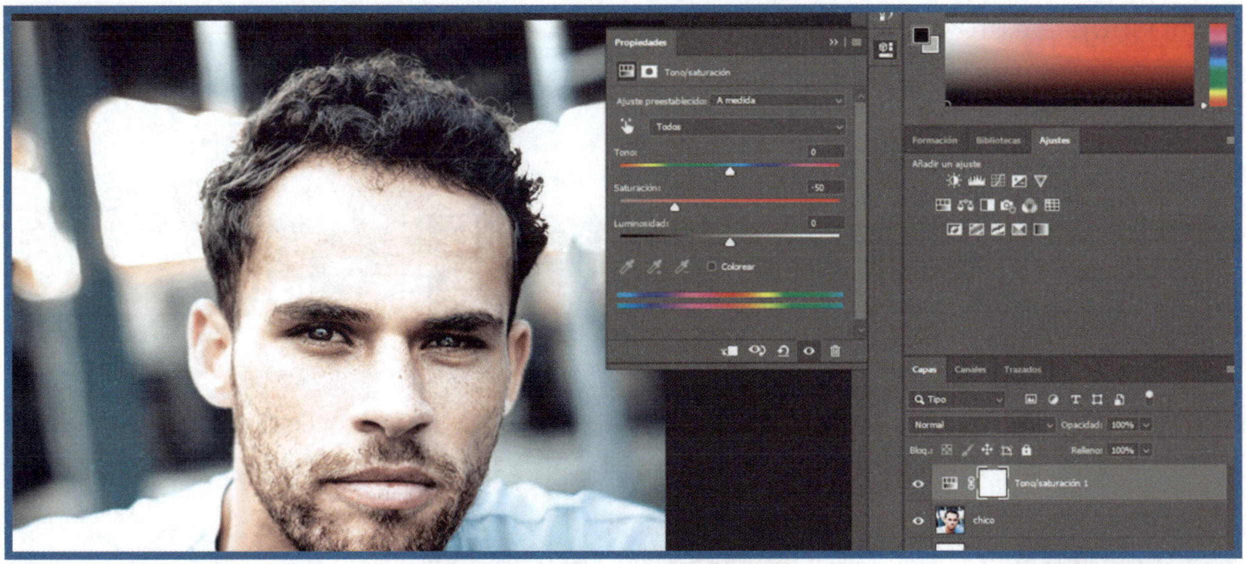

1 Creamos un **Nuevo Documento** a partir del atajo **Ctrl + N** o dirigiéndonos al menú superior **Archivo/Nuevo**, y especificamos **1080 px** de ancho por **1080 px** de alto.

2 Importamos la imagen del rostro y la desaturamos un poco para evitar problemas de color a medida que avancemos con el trabajo. Para esto, creamos una **Capa de Ajuste de Tono/Saturación** y deslizamos la barra de saturación hasta ver la piel un poco más agrisada, pero sin ser blanco y negro por completo.

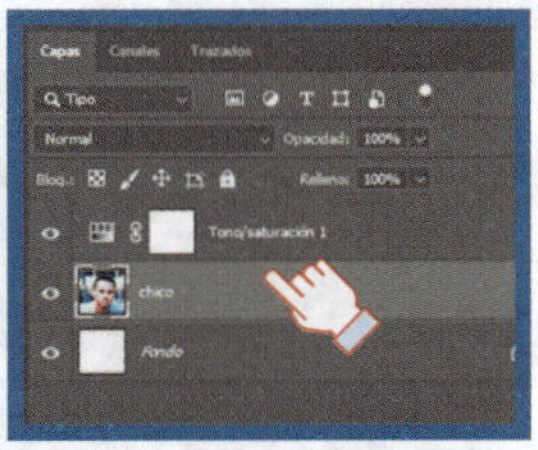

3 Oscurecemos el fondo de la capa, ya que solo nos interesa mantener el rostro de la persona, creamos una máscara vectorial y seleccionamos todo alrededor del sujeto con la herramienta de **Selección Rápida (W)**.

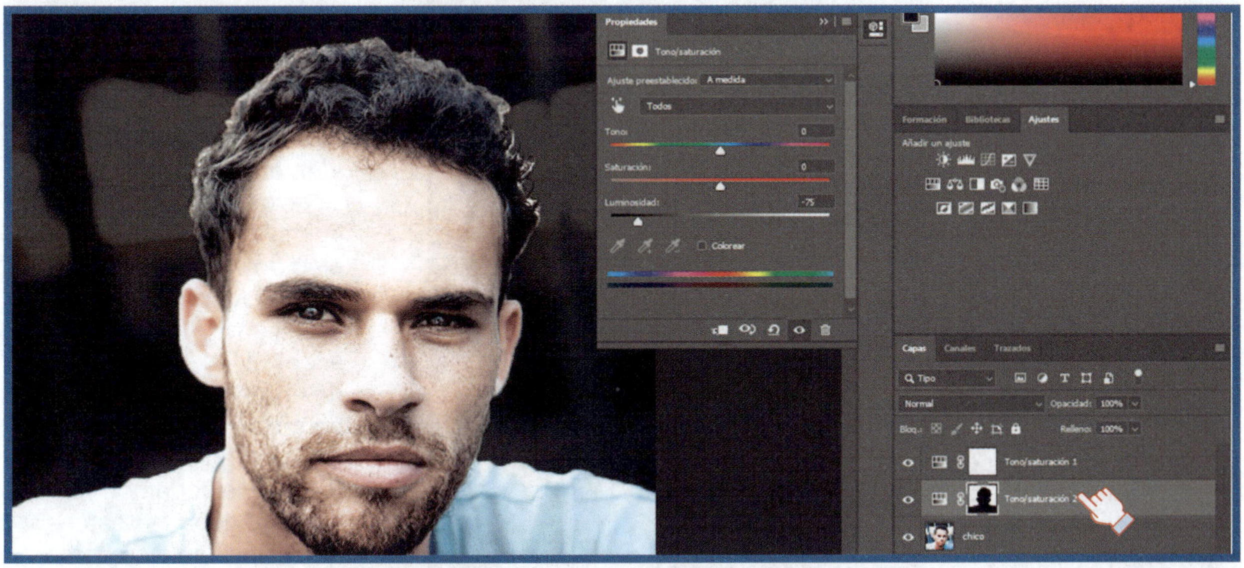

4 Creamos una máscara vectorial y oscurecemos la selección sin perder por completo la textura de la imagen para evitar un fondo artificial.

5 Suavizamos la selección utilizando el pincel con dureza media.

6 Mediante el uso de líneas guía, vamos marcando alturas como los ojos, el mentón y la boca para medir mejor al momento de fusionar las imágenes. Para utilizar las reglas aplicamos el atajo **Ctrl + R** y las arrastramos desde los límites del lienzo hasta la zona en la que queramos colocarlas.

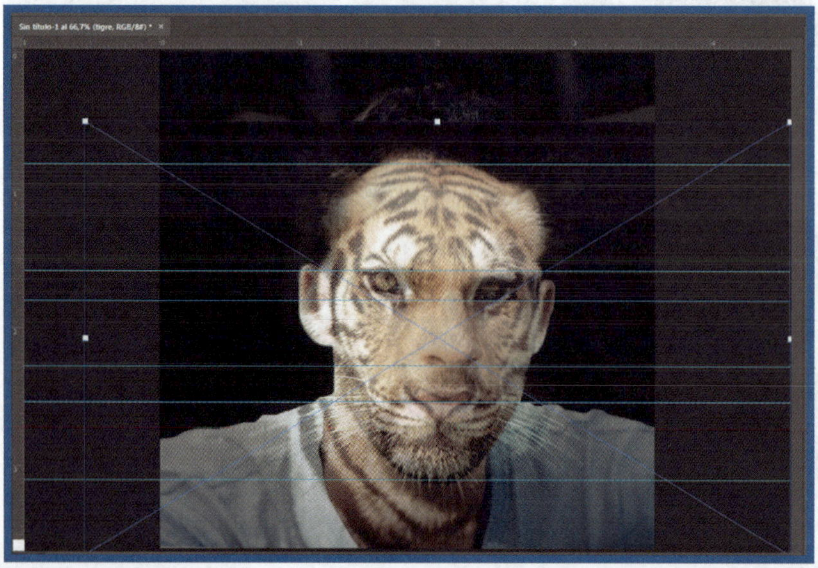

7 Vamos a **Archivo/Colocar elementos incrustados** y buscamos la foto del animal que hayamos elegido. Aceptamos y, cuando tengamos la imagen en el lienzo, intentamos acomodarla según las líneas de referencia de los ojos del hombre. Para esto, bajamos la opacidad de la capa, de forma que podamos ver el rostro debajo. Veamos que coincidan elementos esenciales como los ojos y el mentón.

8 En caso de que no encaje perfectamente, utilizamos la herramienta **Deformar** haciendo clic derecho sobre la imagen y moviendo los nodos para ajustarla a la morfología de la cara de la persona.

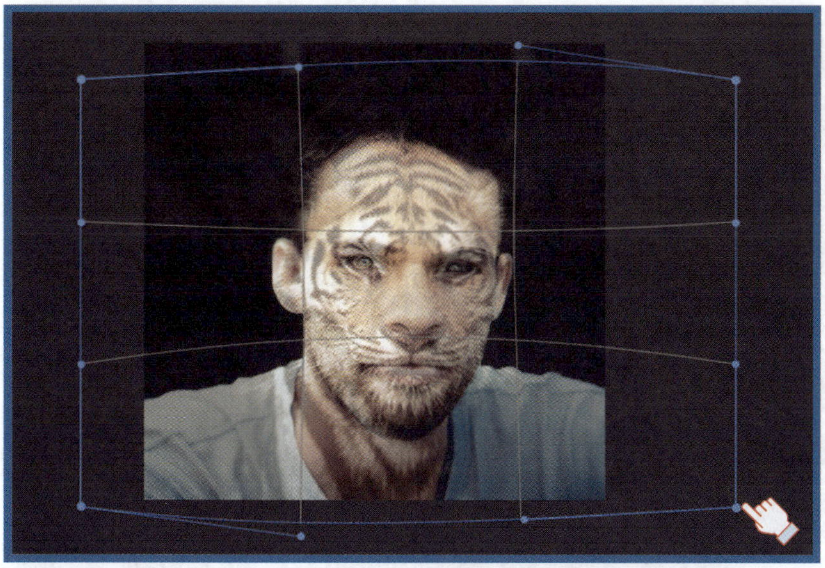

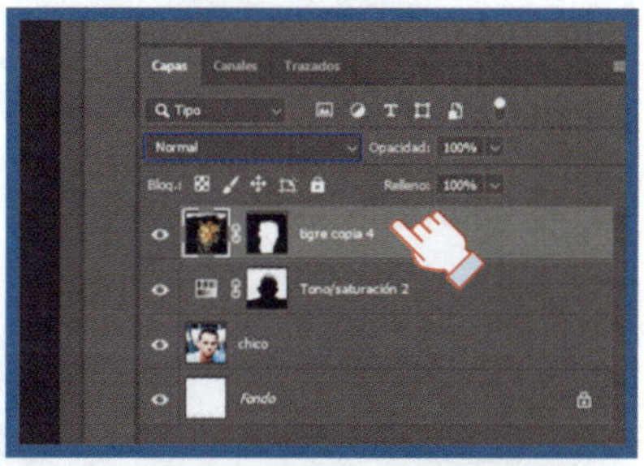

9 Creamos una **Máscara Vectorial** que tendrá dos objetivos. Por un lado, eliminar el fondo del tigre; seleccionaremos todo el exterior, y nos permitirá borrarlo por completo y suavizar los detalles con el pincel. Por otro lado, utilizando un **Pincel** negro de dureza baja y un tamaño considerable, iremos borrando con toquecitos la zona donde queremos que se fusionen ambos rostros. Es importante que la opacidad del pincel sea baja, ya que nos permitirá darle pasadas de color y lograr un acabado más natural.

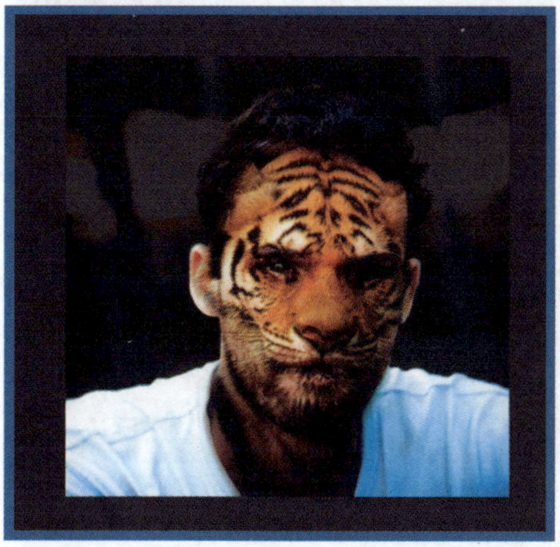

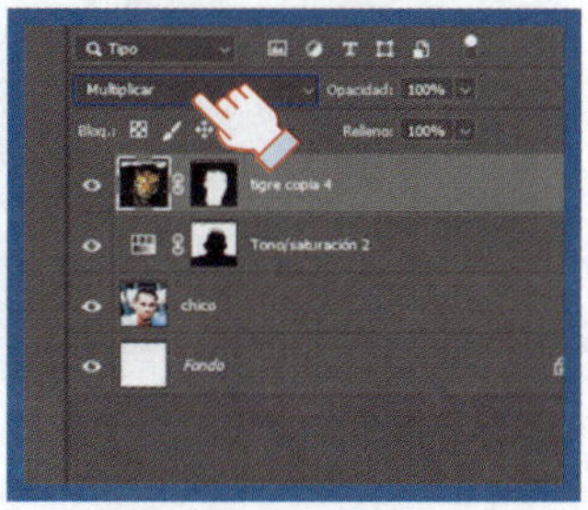

10 Ajustamos el modo de fusión del tigre para que ambas imágenes se compenetren, seleccionando la opción **Multiplicar**.

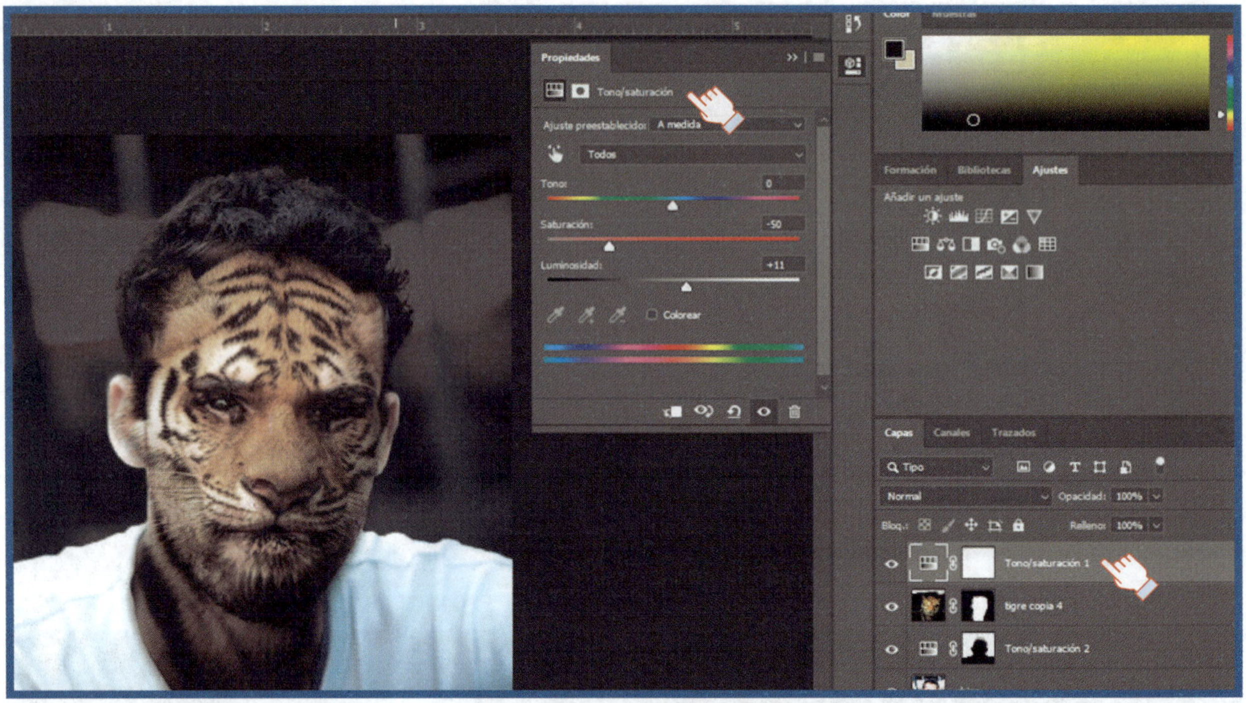

11 La imagen queda demasiado oscura, por lo que ajustamos con una **Capa de Ajuste de Tono/ Saturación** e intentamos igualar el equilibrio de luz y sombra.

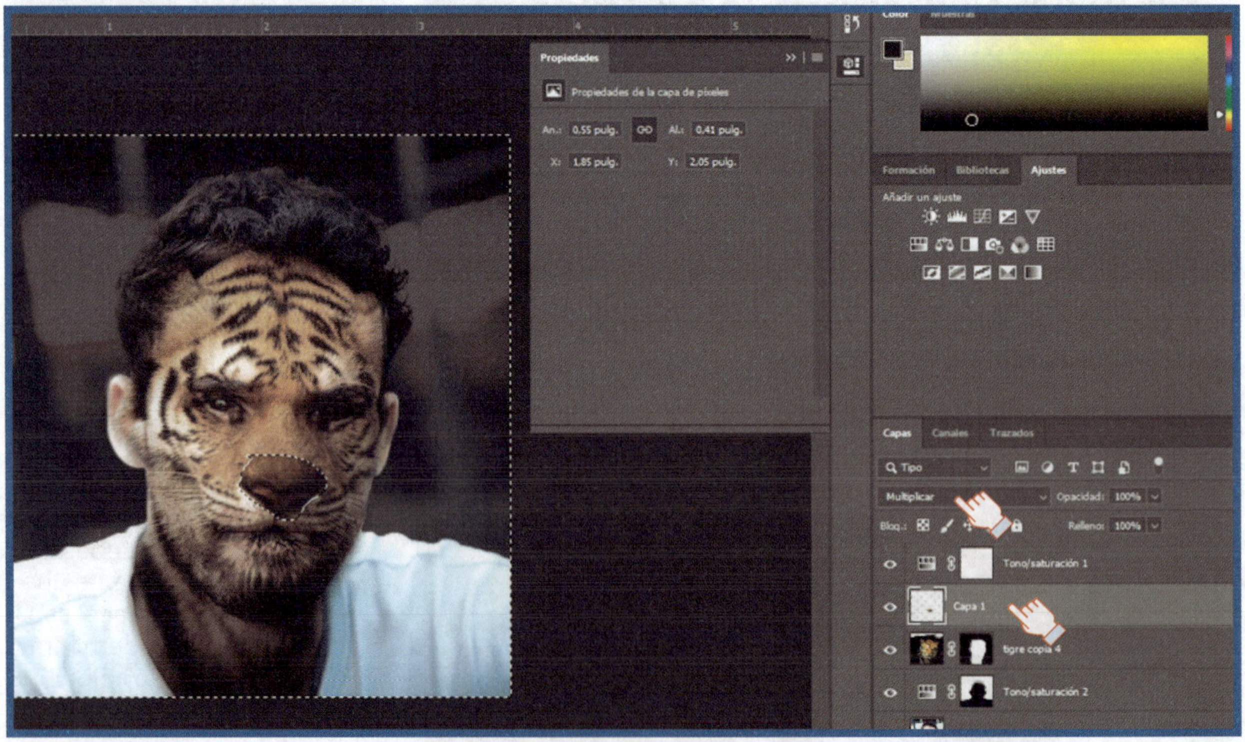

12 Vemos que la capa de Multiplicar le dio diferentes volúmenes al rostro, pero quedan zonas transparentes en las que necesitamos más definición. Por lo tanto, seleccionamos esos detalles (como puede ser el hocico del tigre) con el **Lazo (L)** y pulsamos **Ctrl + J** para duplicar la capa.

13 Cambiamos el Modo de Fusión a **Color más claro**; veremos que pierde la transparencia y se fusiona bastante bien con los colores que están por debajo.

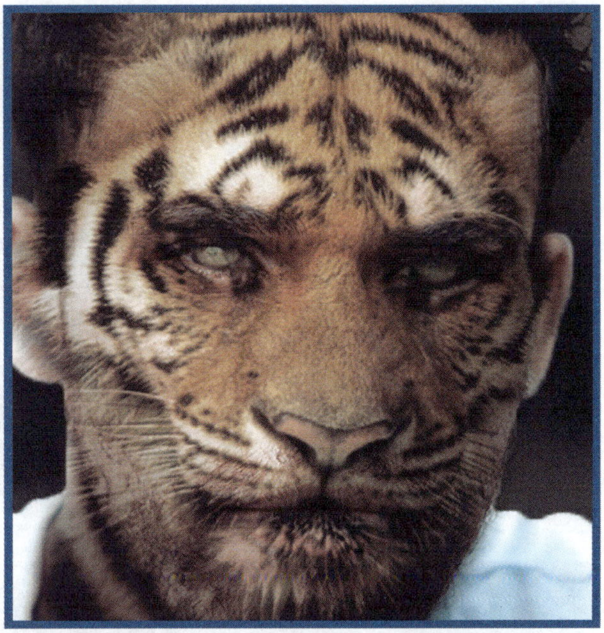

14 Suavizamos los bordes de la selección con la **Goma (E)** en dureza baja y ajustamos la saturación yendo a **Imagen/Ajustes/Tono/Saturación**.

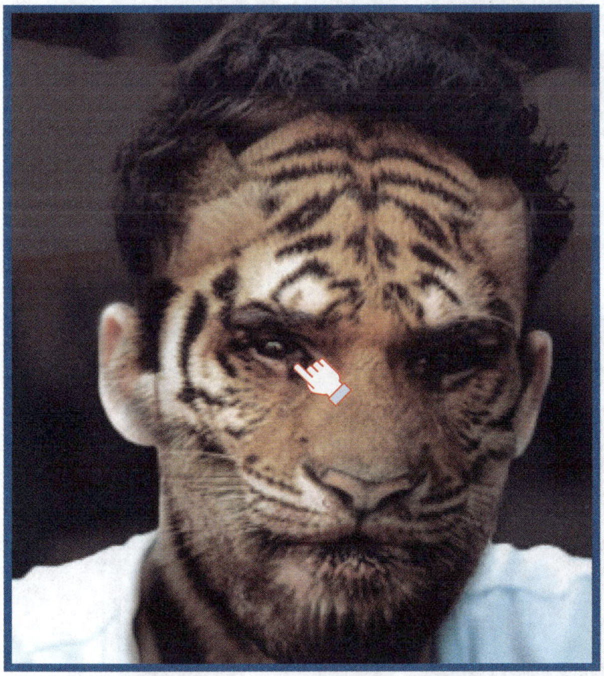

15 Hacemos lo mismo con los ojos copiando el iris del tigre para darle más luminosidad a la mirada.

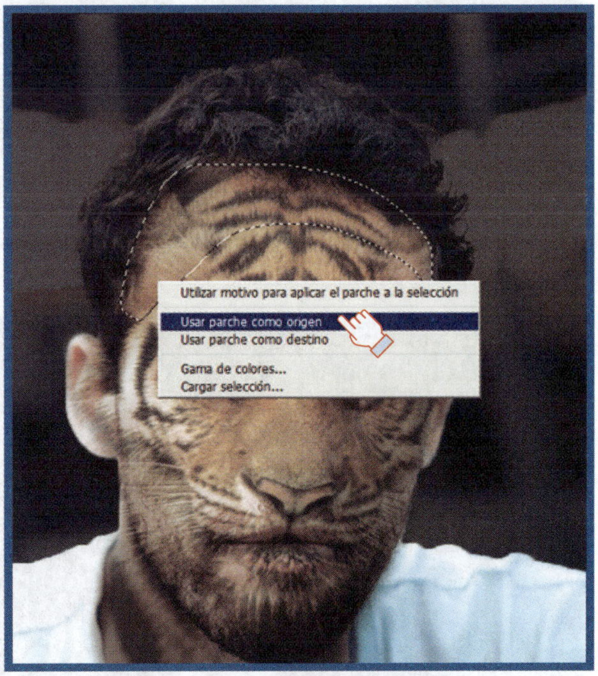

16 Emparejamos la línea del cabello utilizando la herramienta **Parche**, dibujamos todo el sector de la frente sobre la capa del tigre y, con un clic derecho, seleccionamos **Usar parche como origen**.

17 Arrastramos la imagen hacia abajo, de modo que copie el patrón perfecto de esa área.

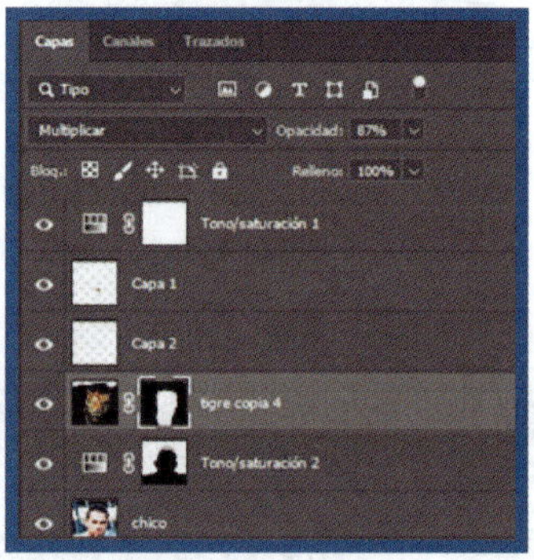

18 Retocamos con la **Goma** todo sobrante de selección para obtener un resultado realista.

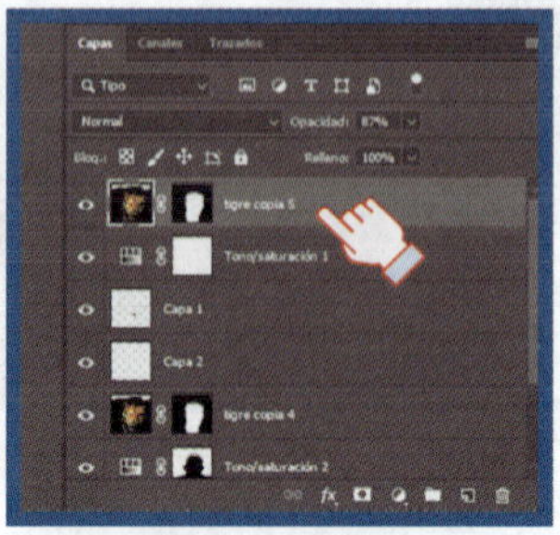

19 Duplicamos la capa Tigre y pasamos su Modo de Fusión a **Normal**.

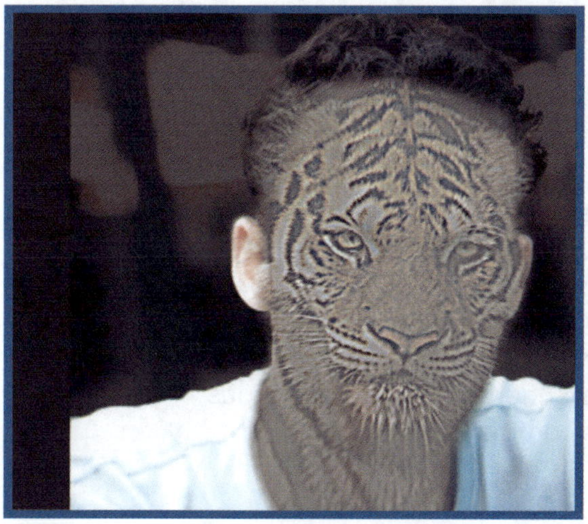

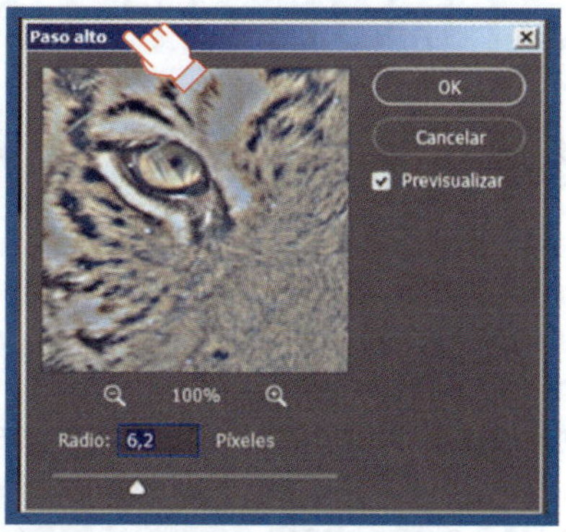

20 Le daremos mayor textura a la imagen, por lo que nos dirigimos a **Filtro/Otro/Paso Alto** y asignamos un valor de **6,2**.

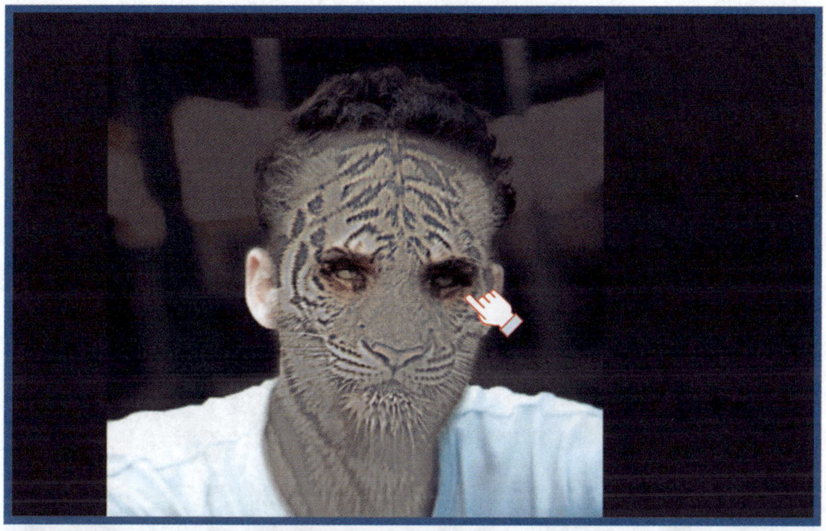

21 Borramos los ojos de la capa, ya que al darle mayor textura a la foto, hará que se vean ojos que no están ahí.

Paso Alto permite agregar textura y definición al proyecto, ya que consigue destacar los relieves y posteriormente fusionarlos a nuestra capa inferior. Es ideal para casos donde trabajamos pelaje de animales o cabello.

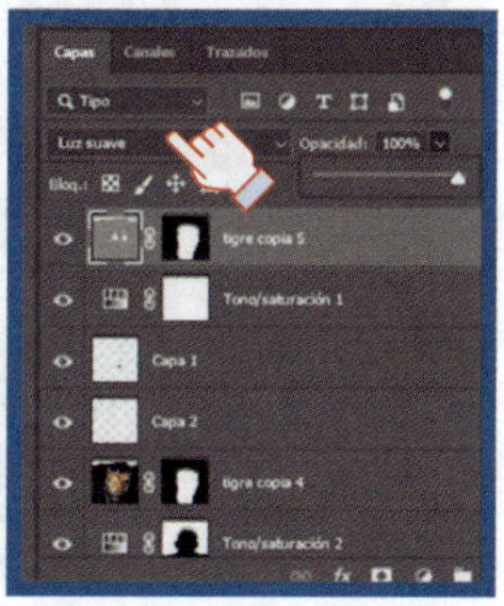

22 Como paso final, ubicamos la capa en modo **Luz Suave** y veremos cómo con ese sencillo paso agregamos detalle a la fotografía.

Crear un estilo Pop Art, del tipo Andy Warhol

El Pop Art es un estilo único e imposible de pasar inadvertido, siendo las obras de Warhol el icono de toda una generación, y su propuesta artística, un objeto de admiración en todo el mundo.
En este proyecto generaremos un mosaico que replique la serie de serigrafías de Marilyn Monroe a partir de una fotografía color que seleccionemos. Le daremos un estilo ilustrado en serigrafía a un retrato desde cero, y aprenderemos a utilizar Grupos de Capas y Guías, trabajando con plenos de color y altos contrastes.

El Arte Pop es una oda al mundo del consumo, por lo que es muy importante tener en cuenta el uso del color para la realización de este proyecto. Esta es una de las características más fuertes del movimiento, que consigue paletas contrastantes de colores saturados que, hasta ese momento, habían sido empleadas por la sociedad industrializada en sus productos para llamar la atención de los consumidores, y que rápidamente fueron reapropiadas como expresión artística por los diseñadores y artistas de la época.

Es indispensable hilar fino en el manejo del color; obras clave que nos servirán como referencia son las serigrafías que produjo Warhol.

1 Hacemos clic sobre la pestaña **Archivo** en la esquina superior izquierda y seleccionamos **Nuevo (Ctrl + N)** para crear un documento desde cero. Se abrirá una ventana en la cual especificamos un tamaño de **3500 x 3500 píxeles** en orientación horizontal, de forma que nuestro lienzo sea un cuadrado perfecto.

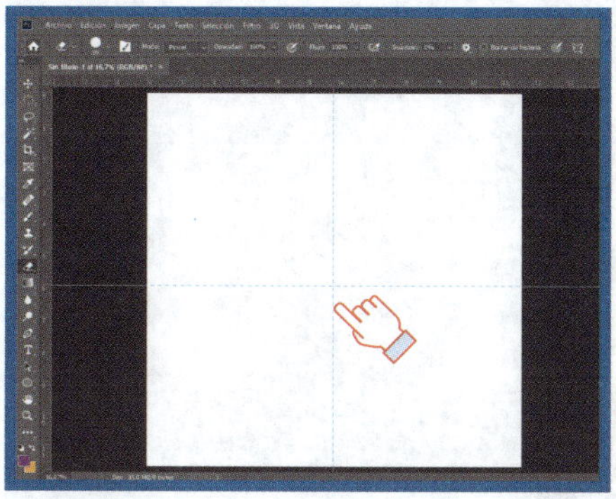

2 Vamos a dividir el lienzo en cuatro partes, cada una de ellas, de un color distinto. Para hacerlo, nos guiamos por las **Reglas** que ofrece el programa. En caso de que no aparezcan por defecto, presionamos **Ctrl + R** o vamos al menú superior y las buscamos en Vista. Cuando las reglas rodeen el lienzo, veremos sus medidas; al hacer clic sobre ellas y arrastrar hacia la mesa de trabajo, aparecerán unas líneas celestes brillantes que sirven para orientarnos, y marcar horizontales y verticales. Las guías son invisibles, por lo que una vez finalizado el documento, no quedará rastro de ellas.

3 Después de marcar con las reglas las mitades del lienzo, pasamos a utilizar la herramienta **Marco Rectangular (M)** para seleccionar cuatro cuadrantes y colorearlos de los colores que queramos. Aconsejamos que sean tonos vibrantes y con reminiscencias a la cultura pop.

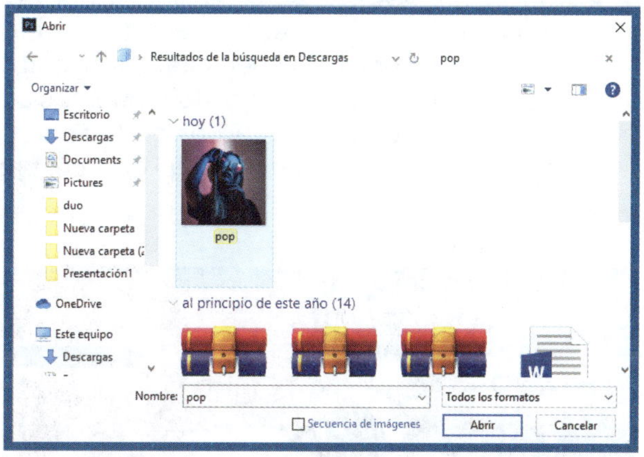

4 Empezaremos a trabajar sobre la figura de la modelo, para lo cual vamos otra vez a **Archivo** y seleccionamos **Colocar elemento incrustado**. Buscamos en nuestra máquina la imagen y presionamos **Colocar**.

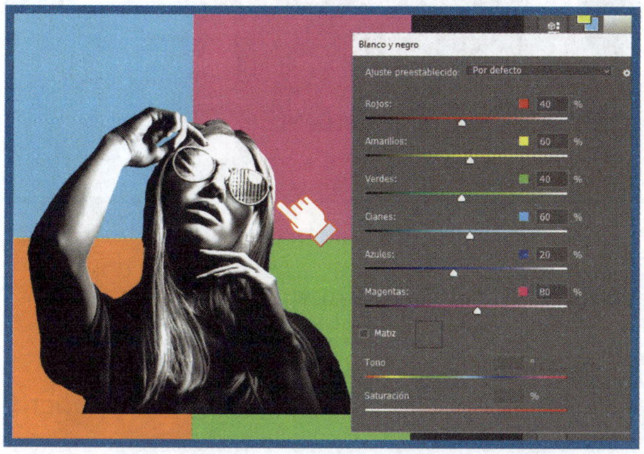

5 Eliminamos el fondo de la fotografía con nuestra herramienta de selección preferida, como el **Lazo (L)** o la **Selección Rápida (W)**. Luego llevamos la imagen a blanco y negro yendo a **Imagen/Ajustes** y haciendo clic sobre blanco y negro (**Alt + Mayus + Ctrl + B**). Automáticamente, la imagen quedará desaturada y aparecerá una ventana que nos deja editar el ByN eligiendo la aproximación que queremos que tengan determinados colores hacia los claros u oscuros.

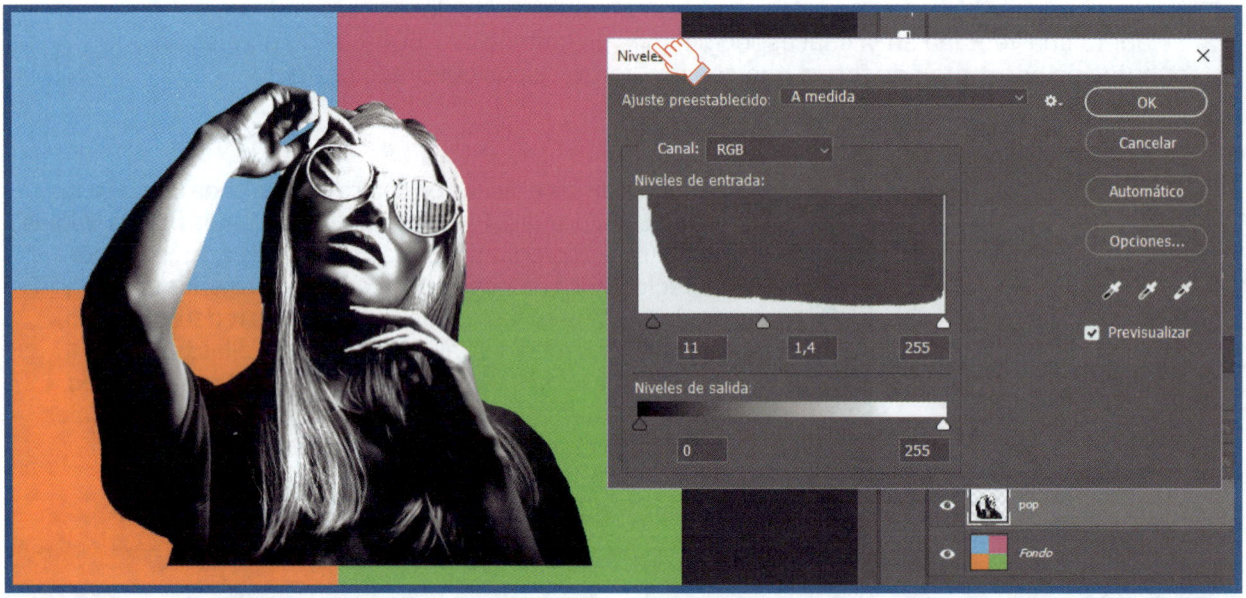

6 Aunque hayamos marcado la cantidad de blancos y negros que queremos que tenga la fotografía, un paso indispensable para imitar las serigrafías de Warhol es generar una foto base de gran contraste. Para hacerlo, podemos utilizar el atajo **Ctrl + L** o ir a **Imagen/Ajustes/Niveles**, y así eliminar los grises que no aporten nada. Una recomendación es llevar las flechas de negro y blanco a los puntos más altos del gráfico, para asegurarnos de que estén en su mayor intensidad.

7 Seleccionamos otra vez el fondo de la modelo con la **Varita mágica (W)**, hacemos clic derecho y elegimos **Seleccionar Inverso**. De este modo, quedará en selección toda la silueta de la joven.

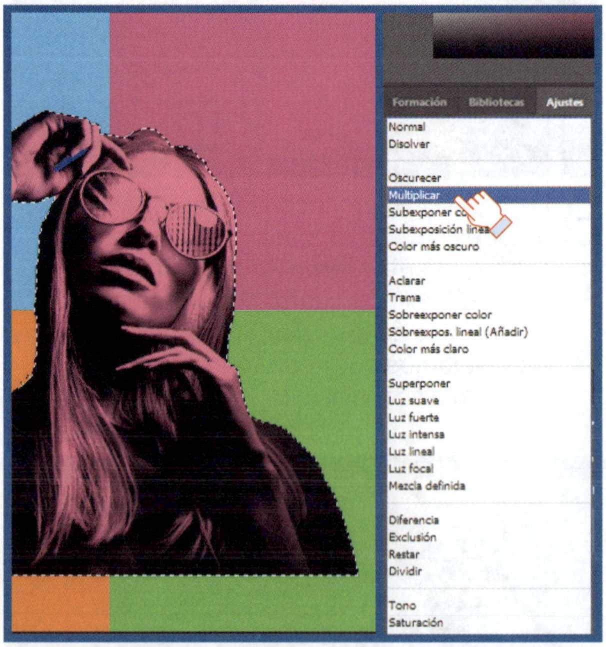

8 Vamos a crear una capa nueva (**Ctrl + Shift + N**) y a colorear toda la selección con la herramienta **Bote de Pintura (G)** de un tono rosado. Luego llevamos la capa a **Modo Multiplicar** en la parte superior del Panel de Capas para darle transparencia y poder apreciar la foto original por debajo.

9 Volvemos a crear una nueva capa y bajamos un poco su opacidad de manera que, cuando dibujemos, podamos calcar áreas de la foto. Utilizamos la herramienta **Pincel (B)** y los colores que deseemos para ir calcando y exagerando con plenos de color el cabello, los labios y los ojos.

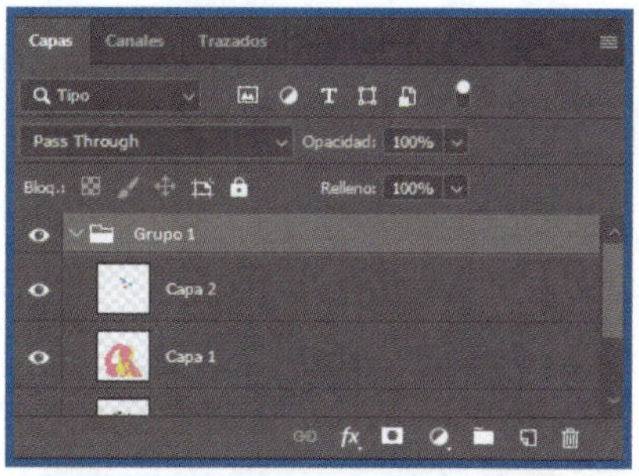

10 Una vez que nuestra "Monroe" está lista, agrupamos todas las capas en un Grupo, para así organizarnos mejor. Para hacerlo, pulsamos en el icono que está junto al de **Nueva Capa**, el que tiene forma de archivo o carpeta. Esto hará que se sume al panel de capa un símbolo llamado **Grupo 1**. Arrastramos todas las capas sobre esa carpeta con el cursor y, automáticamente, quedarán englobadas en un grupo de capas.

11 Como por el momento trabajamos con la imagen de la modelo en un tamaño considerable y ahora tenemos todas las capas que la componen en un mismo grupo, lo que haremos será presionar **Ctrl + T** y modificar a nuestro antojo el tamaño del grupo, para que la figura femenina entre cómodamente en uno de los cuatro cuadrantes de color del lienzo. Una vez conformes con el tamaño y posición, usamos el atajo **Ctrl + J** para duplicar el grupo y **Ctrl + T** para ir colocando una modelo en cada cuadrante. No olvidemos que estamos buscamos un efecto de repetición.

12 Si bien tenemos un retrato en cada cuadrante y colores de fondo distintos, es importante que también varíen las tonalidades del personaje. Para esto, utilizando el **Bote de Pintura (G)** y buscando la capa correspondiente de cada grupo, vamos cambiando los colores según necesitemos.

Convertir una foto diurna en nocturna

Cuando sacamos fotos turísticas durante algún viaje o en alguna sesión específica, suele ocurrir que no tenemos oportunidad de hacer la toma en diferentes momentos de luz. En caso de que queramos darle un aspecto nocturno a una fotografía diurna, podemos conseguirlo gracias a una buena edición en Photoshop.
Utilizando herramientas como Capas de Ajustes o Máscaras Vectoriales, podemos lograr un resultado realista, y controlar totalmente las tonalidades y el grado de oscuridad.

Vamos a fusionar dos fotografías para crear un cielo estrellado, y utilizaremos las **Opciones de Fusión** para dar luz a zonas que antes no la tenían. Aprenderemos a utilizar la herramienta de **Degradado** para generar un anochecer realista y cambiar por completo el aspecto de nuestra foto.

1 El primer paso es abrir la foto en Photoshop (**Ctrl + O**). Es importante que haya un buen contraste de color en la imagen, por lo que, si no es así, modificamos los **Niveles** presionando **Ctrl + L** y ajustando los grises como creamos conveniente.

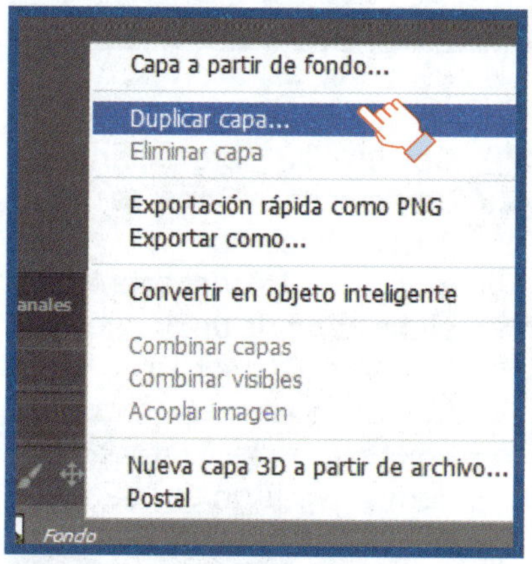

2 Para no trabajar directamente sobre el original, vamos a duplicar la capa, pulsando **Ctrl + J** o haciendo clic derecho sobre la miniatura de la capa y seleccionando **Duplicar Capa**.

3 Seleccionamos la **Varita (W)** y cambiamos su tolerancia a 100 para conseguir una mejor selección del cielo de nuestra foto.

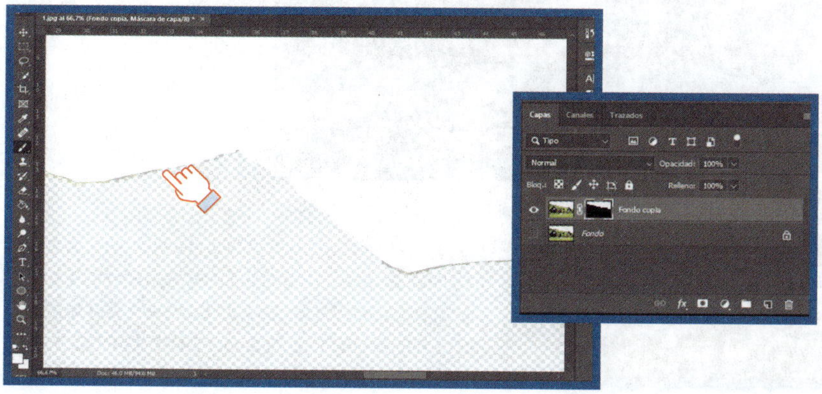

4 Creamos una **Máscara vectorial** y, con el **Pincel (B)** y la **Goma (E)**, vamos perfeccionando la selección de modo que quede lo más precisa posible. Para facilitar el trabajo, podemos ocultar la capa del fondo haciendo clic en el ojo del Panel de Capas; así tendremos una visión más definida de lo que estemos realizando.

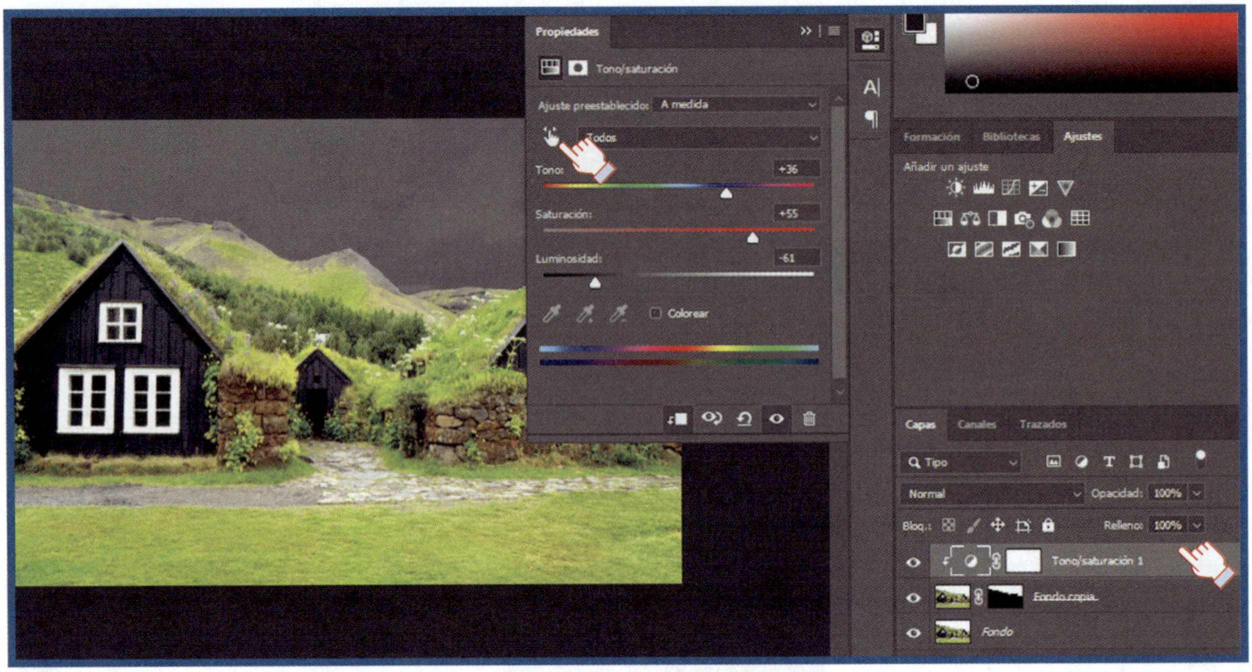

5 Generamos una **Capa de Ajuste** haciendo clic en el círculo dividido del panel de capas. Seleccionamos **Tono/Saturación** en el menú desplegable y movemos la iluminación para que el cielo quede bien oscuro. Es importante que la capa **Tono** solo modifique la capa con la máscara vectorial; para eso tenemos que hacer clic en el icono de anclar capa (un cuadrado con la flecha apuntando hacia abajo en el panel de tono.)

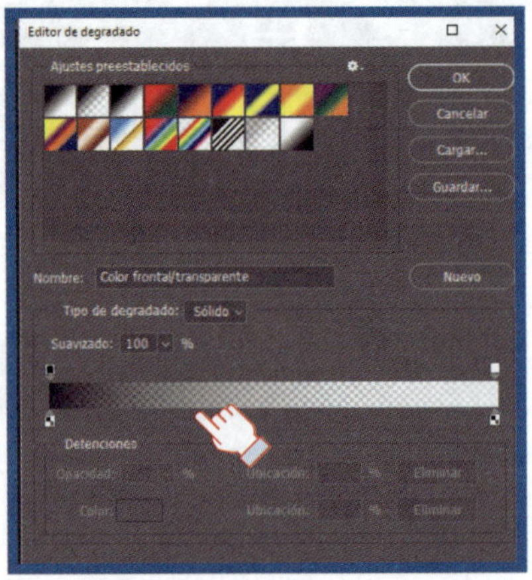

6 Con un clic sobre la parte derecha de la **Capa de Ajuste**, hacemos una máscara vectorial sobre ella a partir de un gradiente que vaya de negro a transparente (se percibe en el **Editor de Degradado** como un patrón de cuadros grises) seleccionando la herramienta **Degradado (G)**. En caso de que esté seleccionado el **Bote de Pintura** en el panel de herramientas, debemos mantener el clic sobre él y aparecerá la opción de elegir **Bote** o **Degradado**.

7 Ya con la herramienta lista para usar, vamos al lienzo y deslizamos el cursor a la altura que necesitemos el degradado, buscando que en la parte más baja del cielo siga percibiéndose una sutil franja de luz diurna.

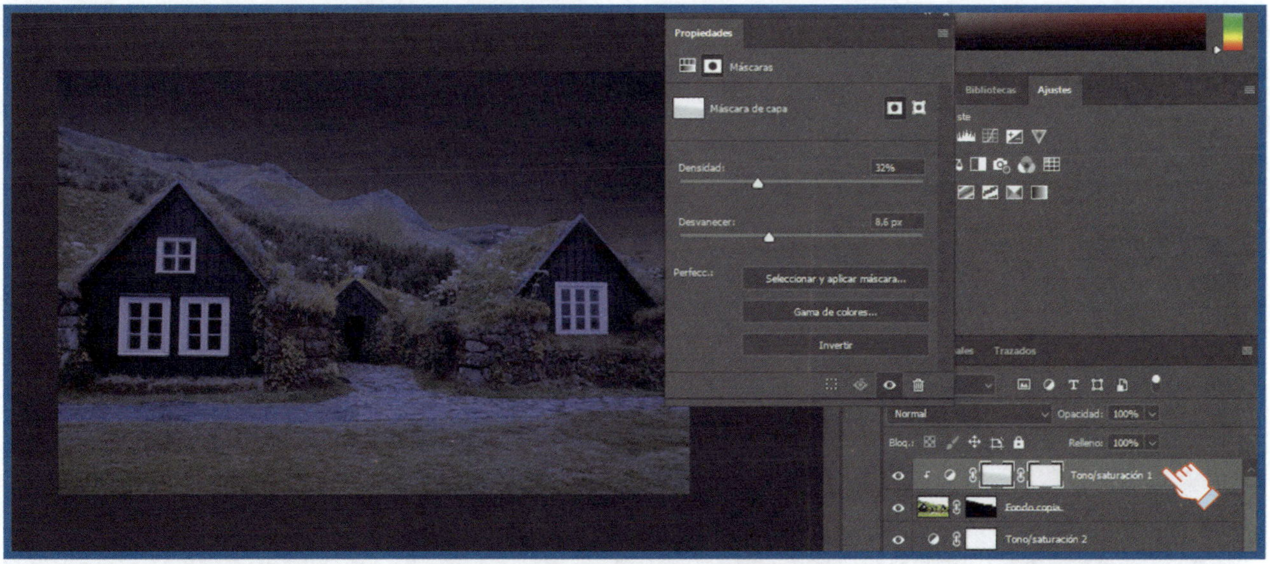

8 Hacemos nuevamente una capa de ajuste sobre el fondo creando una capa de **Tono** con una opacidad media para darle un aspecto de azul desaturado a toda la foto. Recordemos marcar la opción **Colorear** para que toda la imagen adquiera la misma tonalidad.

9 Para unificar el tono del fondo y el cielo, vamos al **Panel de Tono** y bajamos la densidad del degradado que habíamos hecho previamente, de manera que el resultado quede mucho más natural y logrado.

10 El próximo paso es darle estrellas a nuestro cielo nocturno. Para hacerlo, colocamos una foto de un cielo estrellado yendo a **Archivo/ Colocar Elementos Incrustados**, y la ubicamos en la posición que necesitamos sobre nuestras capas.

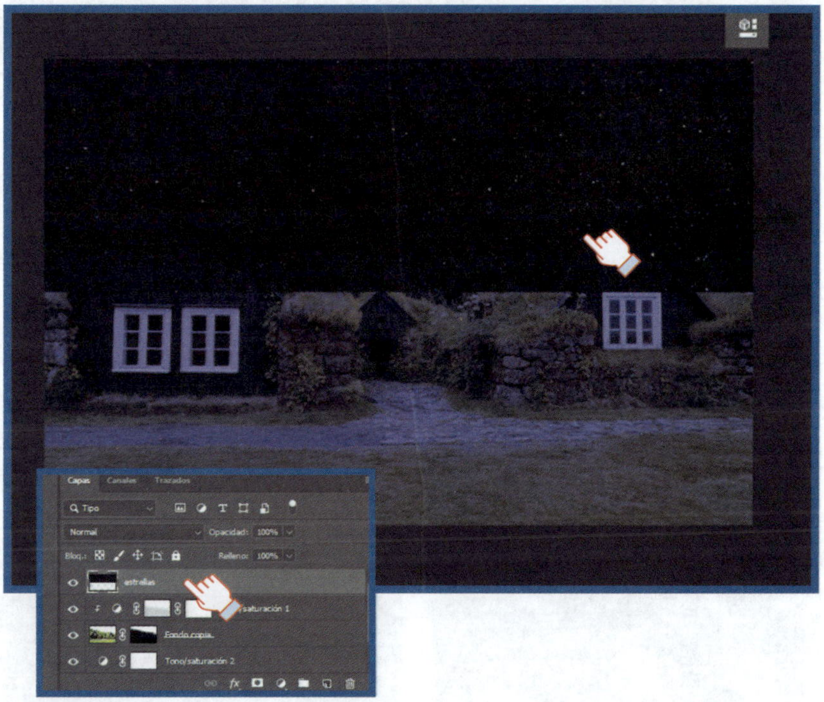

11 Pasamos al modo **Exclusión** de la capa para eliminar el fondo de la imagen de forma rápida, haciendo clic donde dice **Normal** en el Panel de Capas y seleccionando **Exclusión** en el menú deslizable. Luego borramos lo que sobre de la imagen utilizando la **Goma (E)**.

12 En una capa nueva, con el pincel en una **Opacidad** baja de un 17% y una **Dureza** de 12%, sombreamos tanto el cielo como las montañas del fondo para generar mayor profundidad.

13 En caso de que la foto tenga ventanas, faroles o alguna otra fuente de luz, vamos a iluminarla. Para esto, tomamos la herramienta **Lazo** o **Selección rápida** en la capa fondo, seleccionamos toda fuente de luz y luego presionamos **Ctrl + J** para crear una capa nueva que contenga solo los elementos seleccionados.

Cuando aplicamos luz, debemos evitar utilizar blanco puro como color principal. Dejemos el blanco para ocasiones donde predomine de forma intensa la luz.

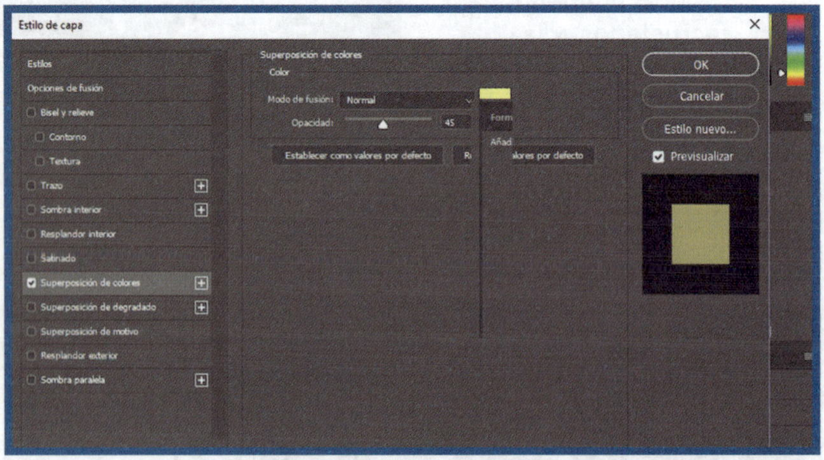

14 Con clic derecho sobre el panel de capas, vamos a **Opciones de Fusión**; se abrirá una ventana nueva. En ella primero marcamos **Superposición de Color** para asignarle a toda la selección un amarillo blancuzco que haga de luz y sea contrastante con el fondo. Si el color no se ve bien, es posible que sea porque la capa está debajo de la **Capa Tono**; entonces debemos arrastrarla hacia arriba para poder ver el color final.

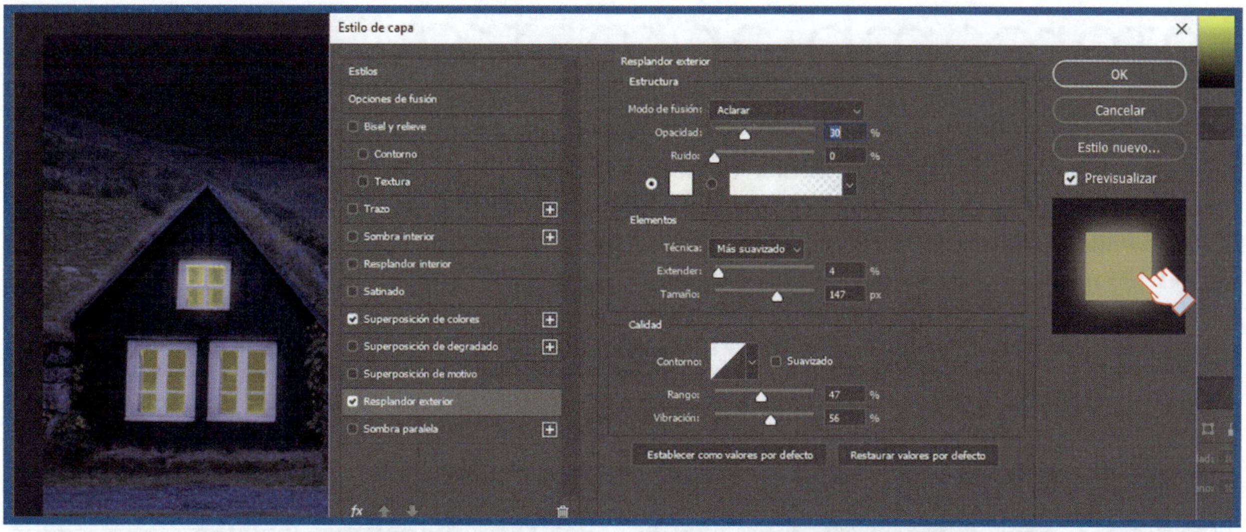

15 Marcamos también **Resplandor Exterior** para dar una iluminación tenue a las zonas cercanas a las ventanas, asegurándonos de no elegir blanco puro, sino más bien un tono hueso que contraste de manera más natural con el azul nocturno.

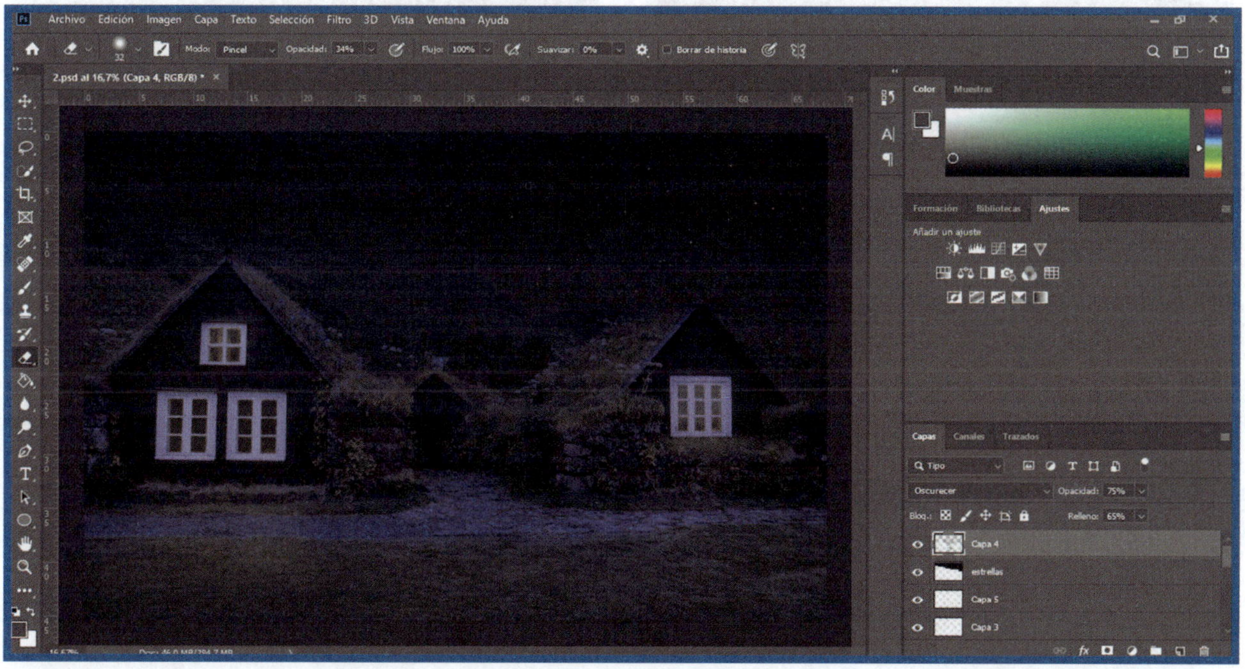

16 Como últimos detalles, creamos una capa nueva y la colocamos en modo **Oscurecer** para terminar de pulir las sombras con un pincel de dureza media y en una opacidad bien baja. Por otro lado, hacemos lo mismo pero con otra capa en modo **Aclarar** y el pincel con un tono blanco hueso para dar luz. Es importante que el pincel tenga un tamaño generoso para que la luz sea abundante y no se vea como pinceladas.

Las Opciones de Fusión nos brindan soluciones rápidas y con buenos acabados a la hora de trabajar con iluminaciones y relieves, ya que aplican uniformemente cada cambio a toda la capa.

Intercambiar rostro

¿Quién nunca soñó con estar en los zapatos de alguien famoso o vestirse de pasarela? Cada vez que alguien menciona Photoshop, se nos vienen a la cabeza esos retoques increíbles que muchos usan para aumentar su atractivo en fotografías, eliminar imperfecciones o hacer un cambio de look completo.
En este proyecto cambiaremos el rostro de una persona de modo realista, asegurándonos de igualar las tonalidades de la piel y la calidad fotográfica.
Utilizaremos las herramientas **Lazo** y **Deformar** para imitar volúmenes, y modificaremos el enfoque de la foto para que ambas compartan las mismas características.

Vamos a generar un fotomontaje realista intercambiando el cuerpo y la cara de una persona sobre otra a partir de dos fotos distintas. Es recomendable elegir fotos donde los rostros estén mirando en la misma dirección, ya que nos facilitará la tarea a la hora de componer. Seremos capaces de adaptar las condiciones lumínicas de cada una para igualarlas, e imitar el Desenfoque o Ruido de la foto según sea el caso.

Herramienta Deformar

La herramienta Deformar nos permite generar modificaciones en la estructura de un objeto a partir de una subdivisión en la selección del mismo, lo que hace posible ir arrastrando distintos sectores y, de esta forma, deformando la capa. Es una herramienta indispensable a la hora de alterar el volumen y la orientación de los elementos, y con solo desplazar sus distintos nodos ya notaremos el cambio de nuestras imágenes.

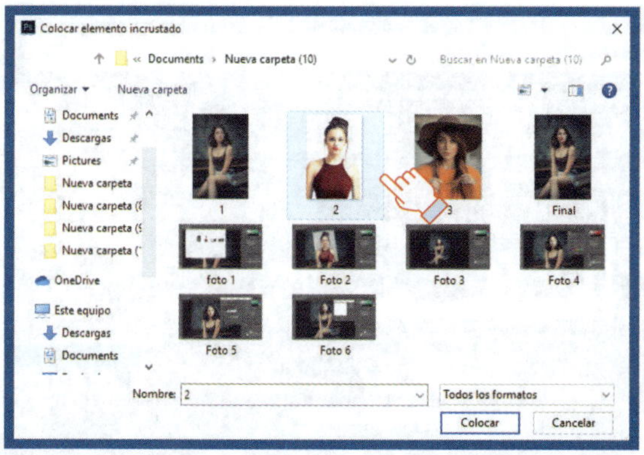

1 Importamos la foto del cuerpo que queramos usar en Photoshop utilizando el atajo **Ctrl + O** para abrir el archivo. Una vez listo para trabajar, colocamos la foto del rostro, que por el momento no está separada de la original y deberemos recortar más adelante, dirigiéndonos a **Archivo/ Colocar Elementos Incrustados**.

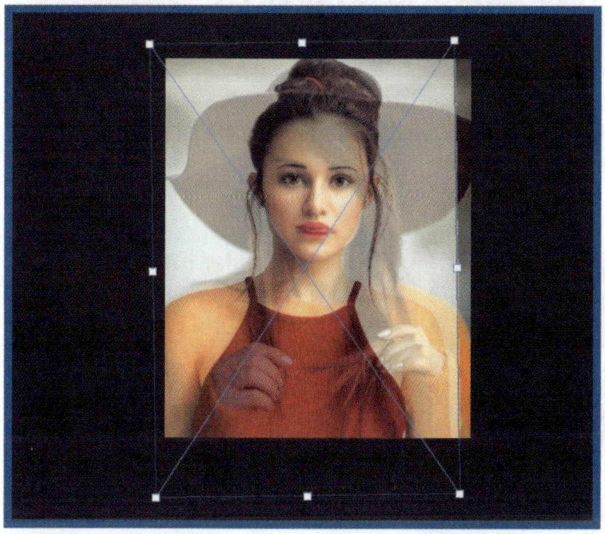

2 Para ubicar la foto del rostro y modificar su tamaño, primero tenemos que bajar la opacidad de la capa a un **50%**, así veremos el espacio que ocupa sobre el lienzo. Presionamos **Ctrl + T** y la ajustamos de forma que quede lo más natural posible según las proporciones del rostro de la imagen original.

3 Ya ubicadas las capas, pasamos a dibujar el contorno del rostro con la herramienta **Lazo (L)** y, haciendo clic derecho sobre la selección, elegimos **Seleccionar Inverso**, de forma que podamos eliminar todo aquello que no sea parte del rostro utilizando la **Goma (E)** con una dureza media.
Es indispensable no borrar muy sobre la línea de selección, ya que con la dureza de la goma queremos conseguir un borrado más difumado.

4 En caso de que la cara carezca de la profundidad necesaria para el cuerpo elegido, hacemos clic derecho y seleccionamos **Deformar**.
Moviendo los nodos, seremos capaces de adaptar los rasgos faciales a la posición corporal de la modelo.

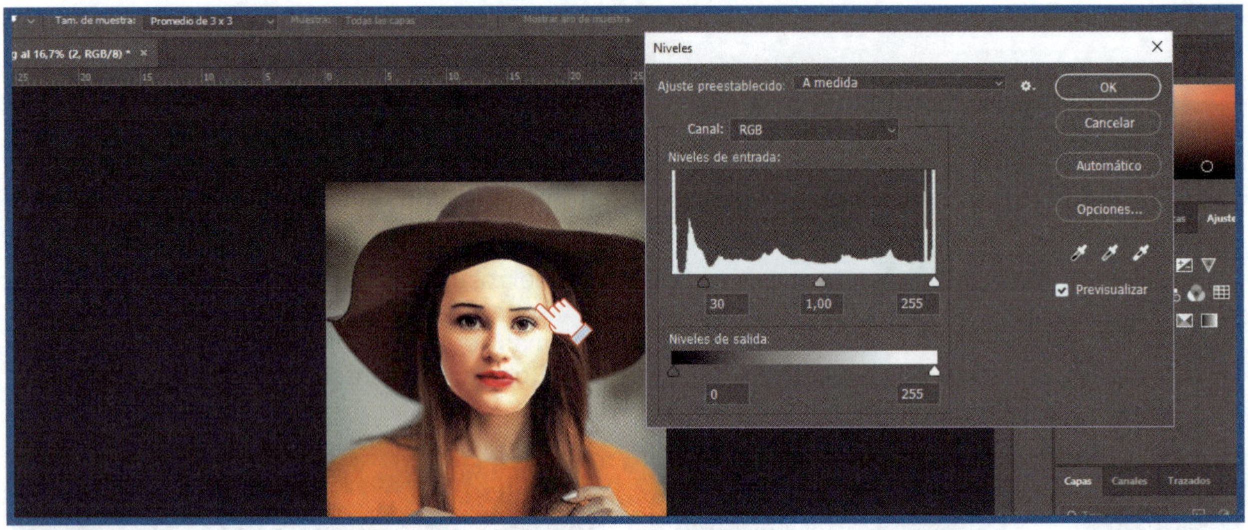

5 Modificamos los niveles del rostro para que se asemejen al contraste del cuerpo; para hacerlo, vamos a **Imagen/Ajustes/Niveles** o presionamos **Ctrl + L**. Moviendo la flecha de grises, podemos medir la intensidad de luz y sombra de la imagen.

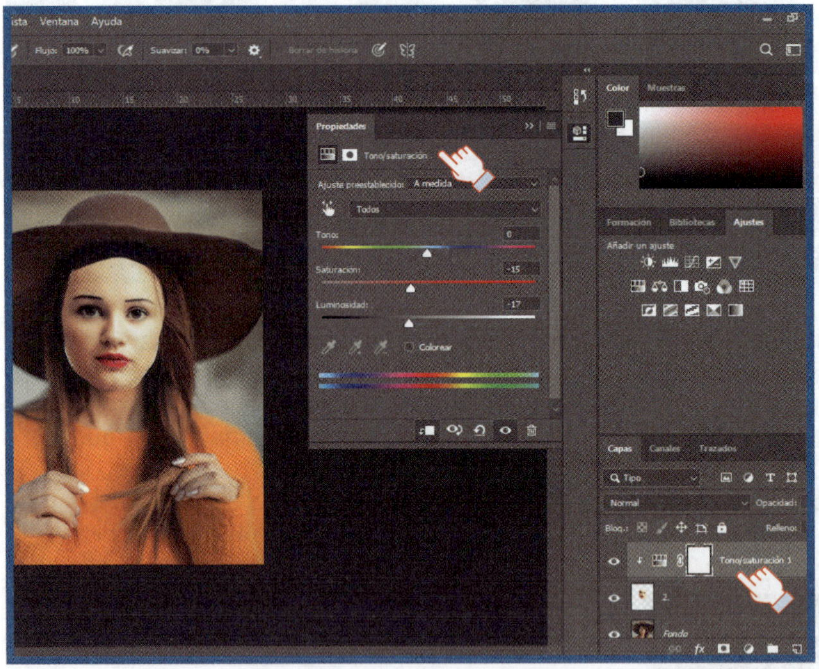

6 Para igualar los colores del rostro y del cuerpo, creamos una capa de **Tono/ Saturación** seleccionando el círculo del **Panel de Capas**. Debemos asegurarnos de que la capa solo afecte al rostro, marcando el icono de ancla de capa.

No olvidemos igualar el tono de la piel de ambos personajes, ya que de no hacerlo, nos quedaría un resultado demasiado artificial.

7 Suavizamos los bordes del rostro usando la **Goma (E)** en una dureza media, para que coincida con la cabeza de la modelo original.

8 Es importante igualar el **Enfoque** que tienen ambas fotos. En este caso le daremos un desenfoque mínimo al rostro para que se iguale al resto de la imagen, vamos a **Filtro/Desenfoque/ Desenfoque Gaussiano** y seleccionando un rango de píxeles. En caso de que necesitemos hacer lo contrario, pasamos a usar la herramienta **Enfoque** del mismo modo.

9 Añadimos Ruido para imitar el grano de la foto, desde Filtros/Ruido y especificando una cantidad del 12%.

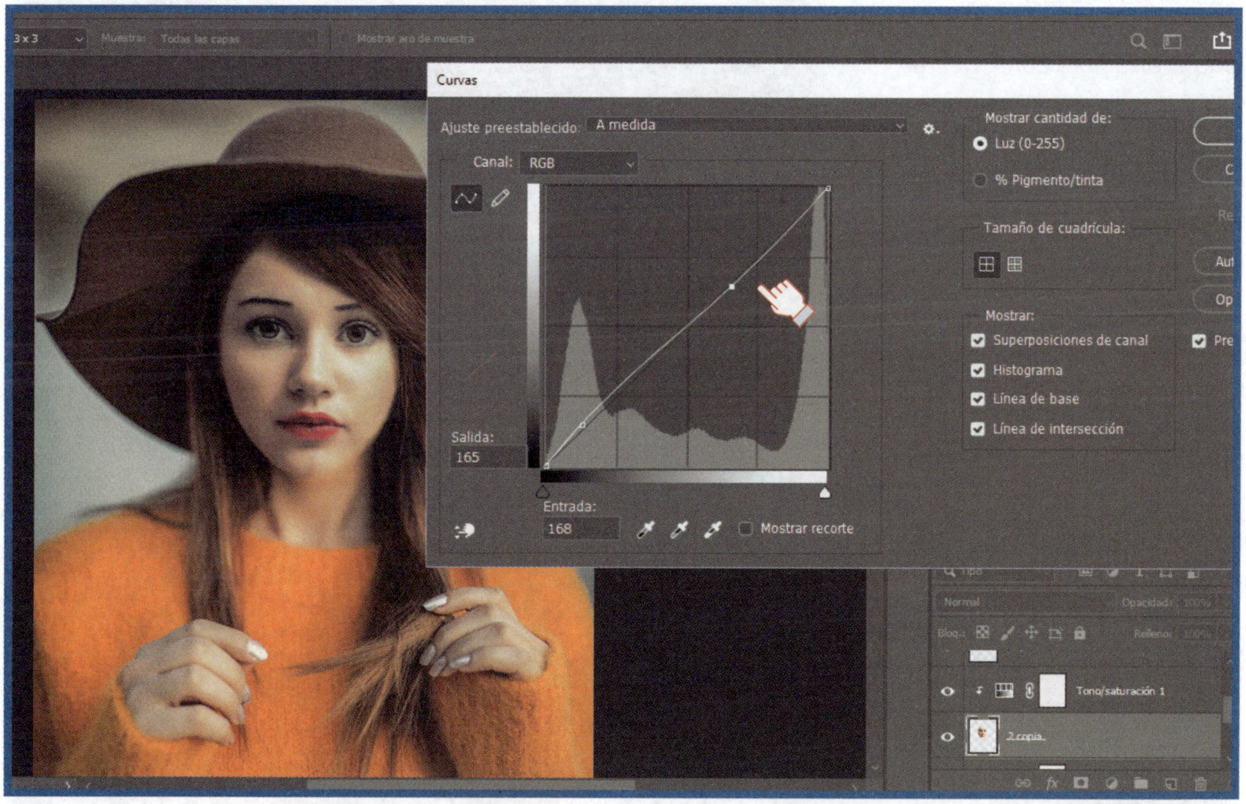

10 Creamos una capa de sombras con el **Pincel (B)** negro en una **Opacidad** del **5%**, y pasamos a suavizar y dar forma a las áreas más oscuras de la imagen en la zona del rostro.

11 Como paso final, hacemos una capa de curvas para quitarle intensidad al negro y lograr que se funda con los colores de la imagen original.

Cómo crear un efecto de dispersión

En este tutorial vamos a aplicar el efecto de dispersión, un proceso de varios pasos mediante el cual podremos crear la ilusión de que algún elemento dentro de una imagen determinada aparece disperso en el elemento que queramos usar. Algunas de las herramientas avanzadas que tendremos a nuestra disposición son: Licuar, Máscaras, Transformación Libre y Rellenar, entre otras.

Haremos que nuestro personaje aparezca desintegrándose en aves. Dentro de lo posible, y para tener resultados más limpios, conviene usar una foto que presente al sujeto que queramos editar con un fondo liso o de un solo color. Una vez que tengamos la imagen que deseemos modificar, debemos prepararla para conseguir un buen resultado.

1 Nos dirigimos a **Archivo/Nuevo (Ctrl + N)** y creamos un documento con 1920 px de alto, 1280 px de ancho y una resolución de 300 dpi, para así tener una imagen de buena calidad que puede ser usada, en este caso, como fondo de pantalla. Como paso previo, para facilitar la manipulación de la imagen, conviene combinarla con el fondo del archivo que generamos en el programa, simplemente combinándola hacia la capa que está debajo de ella **(Ctrl + E)**.

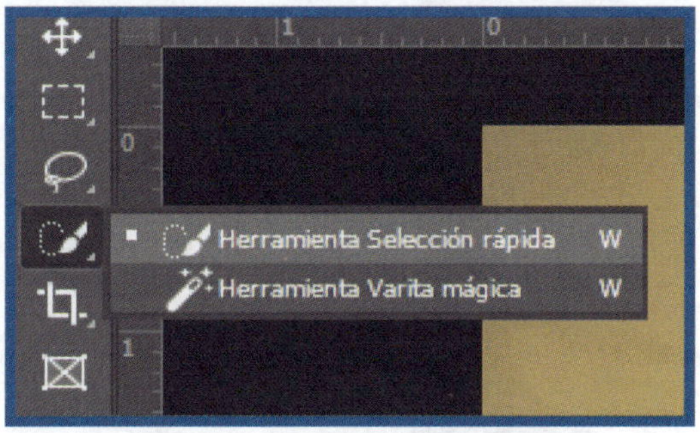

2 Para comenzar, tomamos la herramienta de **Selección Rápida** (W).

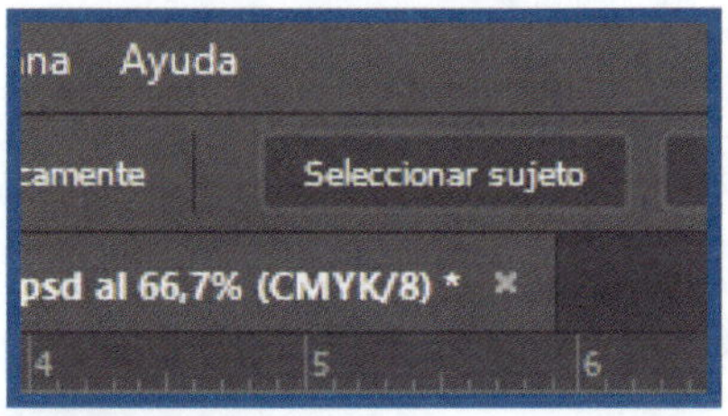

3 Tocamos el botón en la barra superior que dice **Seleccionar sujeto**; en caso de tener dos o más sujetos en la imagen, los seleccionamos con la herramienta manualmente.

Para ajustar detalles en el contorno, vamos agregando sectores a la selección mientras mantenemos pulsada la tecla Shift y, alternativamente, removiendo lo que no nos sirva teniendo presionada Alt.

4 Una vez ajustada la selección, vamos al menú **Selección/Modificar** y, de las opciones que aparecen, usamos **Expandir**.

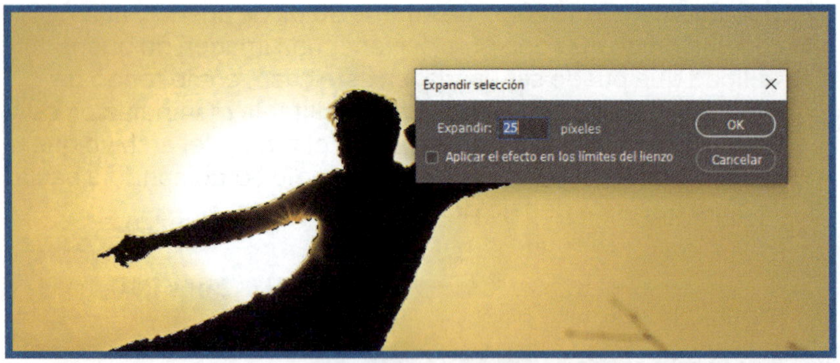

5 Allí elegimos un rango entre 25 a 35 píxeles, para poder dejar un margen de selección amplio alrededor del sujeto.

6 Luego usamos el atajo **Ctrl + J** para copiar la selección a una nueva capa que podamos modificar libremente. Después usamos **Ctrl + clic izquierdo** sobre la capa que creamos para mantener la selección, ocultamos esta capa y pasamos a trabajar en la del fondo.

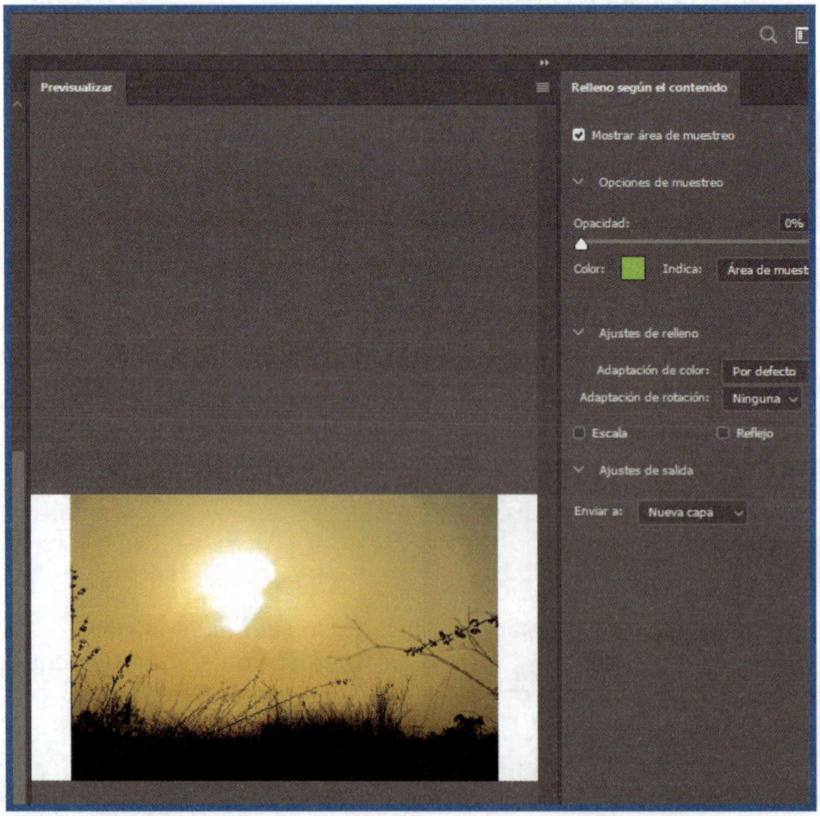

7 Abrimos el menú de **Edición** y elegimos la opción de **Relleno según el contenido**, que permite modificar el fondo independientemente del cambio que acabamos de realizar, y así tener mayor flexibilidad y capacidad de ajustes a la hora de editar. Una vez terminados los arreglos, podemos combinar la capa recién creada con el fondo (**Ctrl + E**) y tendremos la imagen sin sujeto alguno.

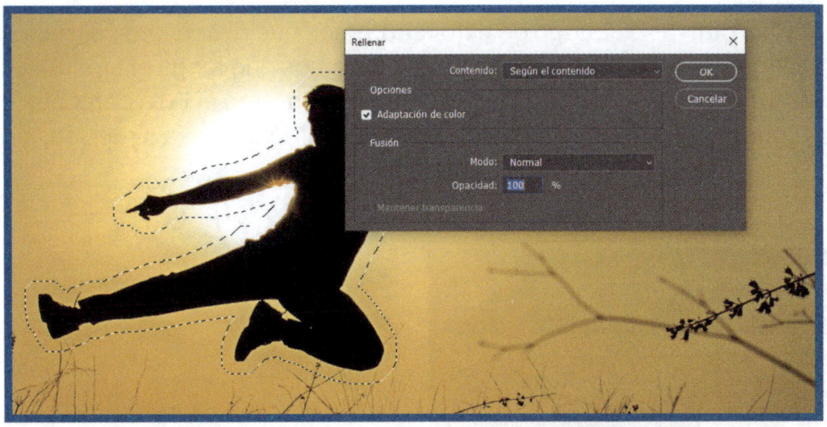

8 En caso de tener alguna versión anterior del programa, dentro del mismo menú de **Edición** seleccionamos **Rellenar...** y allí marcamos **Según el contenido**, para obtener el mismo resultado.

9 Una vez terminada la edición, podemos ver cómo la figura aparentemente se desvanece para mostrar una aproximación creada por el programa de la manera en que se vería la imagen sin el sujeto.

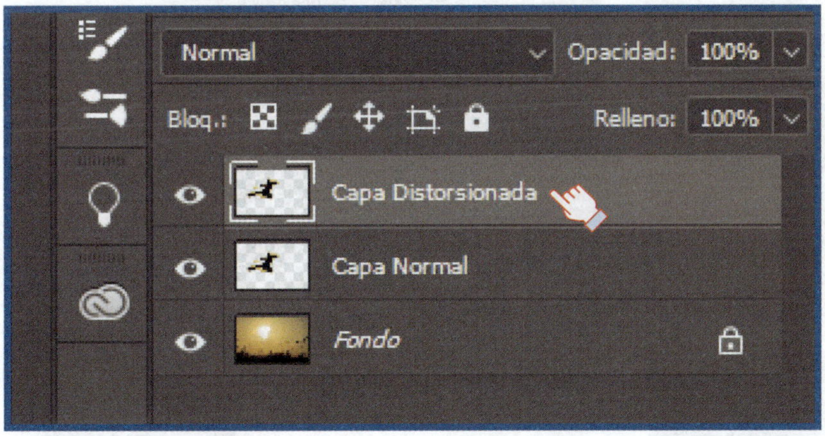

10 Luego volvemos a seleccionar la capa que ocultamos, pulsando **Ctrl + clic izquierdo** para retomar la selección del sujeto y presionando **Ctrl + J** para hacer otro duplicado. Para diferenciarlas, a una la llamamos Capa Distorsionada y a la otra, Capa Normal.

Seleccionar sujeto

La herramienta Seleccionar sujeto es una modificación nueva y de gran utilidad que nos brindan las versiones más actualizadas de Photoshop. A partir de un solo clic nos permite hacer selecciones complejas rápidamente y de forma automática, lo que nos ahorrará muchísimo trabajo frente a la PC.

Antes de continuar ocultamos la **Capa Normal** para que no moleste, y pasamos a la **Capa Distorsionada**. Una vez elegida, vamos al menú **Filtro** y accedemos a la herramienta **Licuar** (**Mayus + Ctrl + X**).

Luego de esto tendremos que distorsionar el sector de la imagen que queramos que tenga el efecto de dispersión. En esta ocasión, será el lado derecho, para simular que se desintegra en esa dirección, y seguimos con estos pasos:

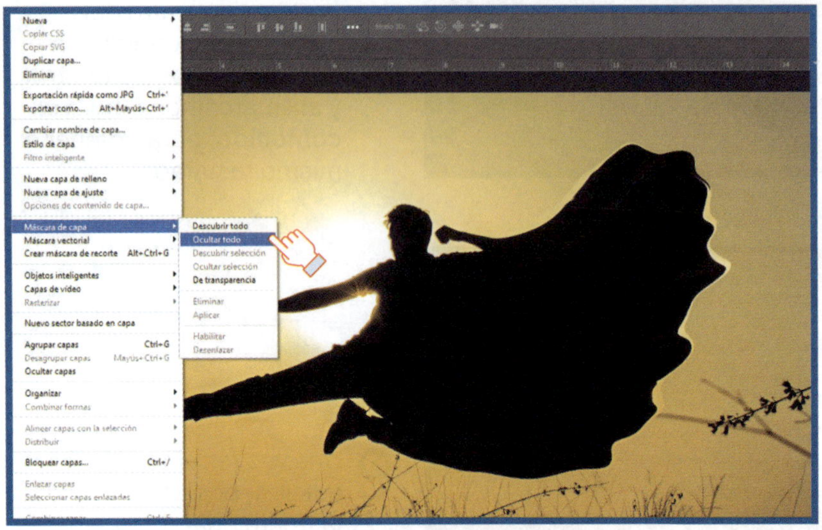

1 Nos dirigimos al menú **Capa** y, dentro de la opción de **Máscara de Capa**, seleccionamos **Ocultar Todo** para enmascarar por completo la versión distorsionada.

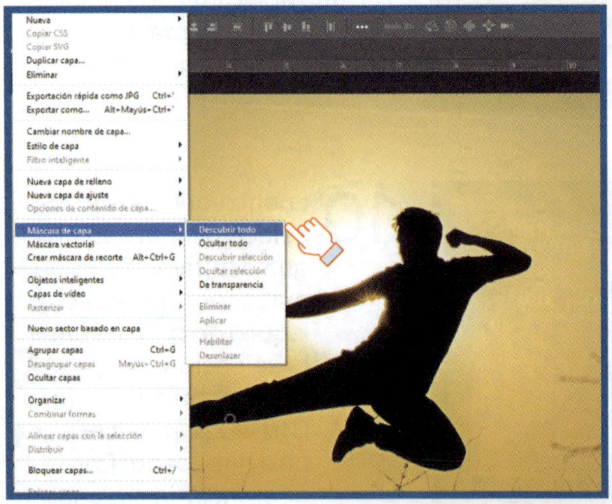

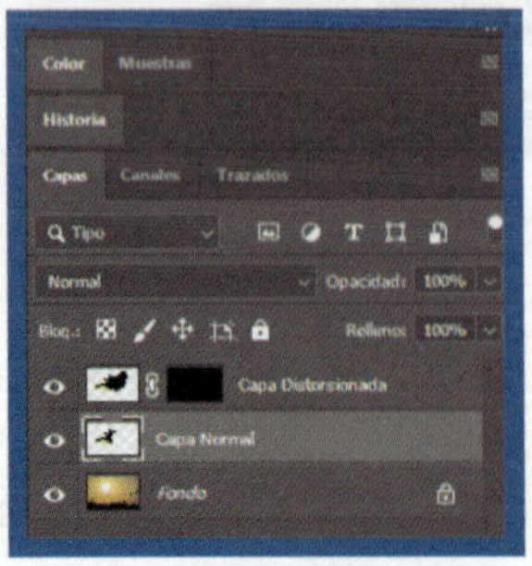

2 Luego seleccionamos la Capa Normal y volvemos al mismo menú de **Capa/ Máscara de Capa**, pero esta vez, para elegir la opción **Descubrir Todo**.

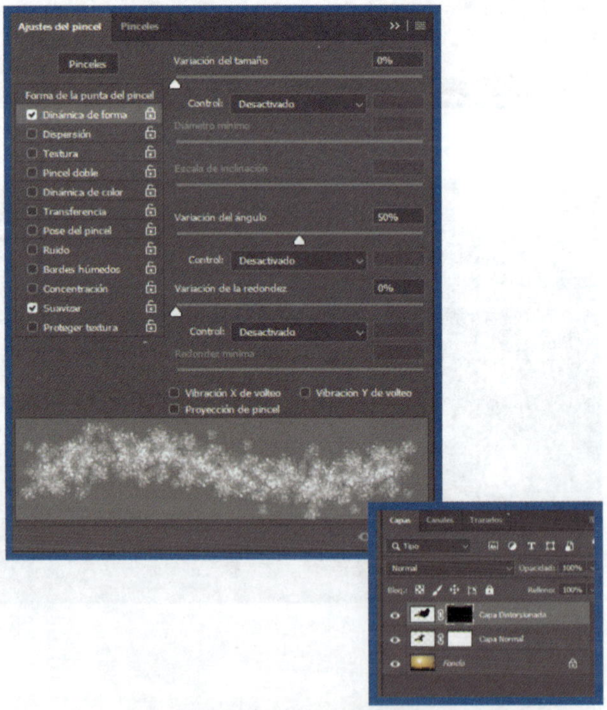

3 Situándonos en la máscara de la Capa Normal, debemos elegir un pincel que nos resulte acorde para generar el efecto de dispersión. Cuando lo hayamos hecho, cambiamos la variación del ángulo dentro del menú **Ajustes de Pincel**.

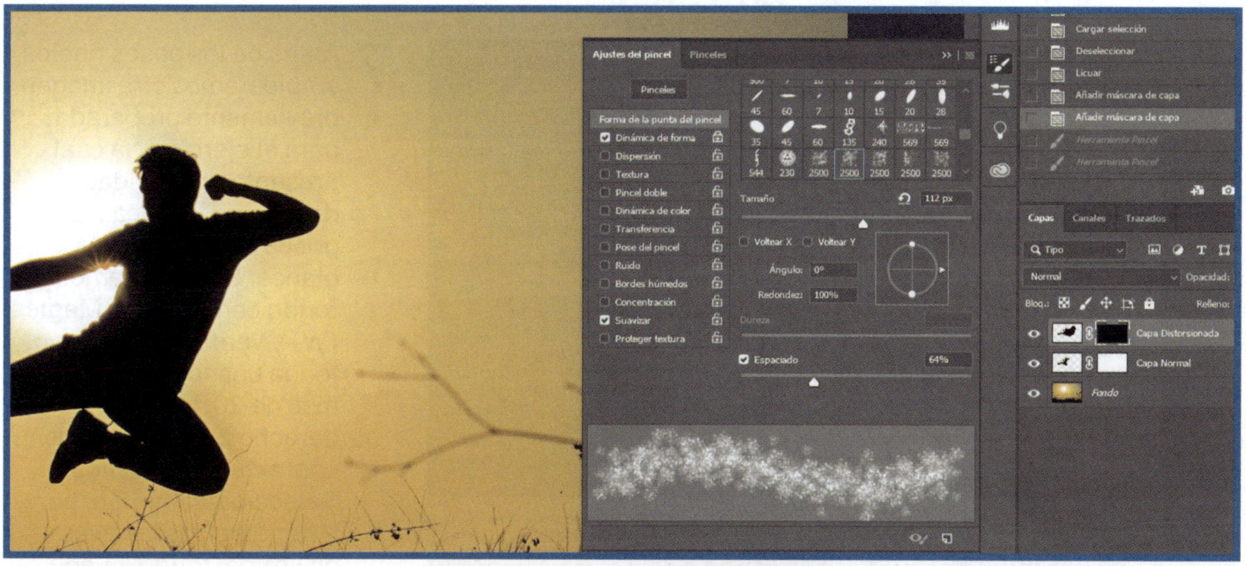

4 Haciendo clic en **Forma de la punta del pincel**, podremos modificar el espaciado entre trazos para generar un efecto de dispersión un poco más notorio.

5 Verificamos que el pincel esté usando tinta negra y comenzamos a pintar la máscara de la Capa Normal con el pincel que personalizamos en el paso anterior. El objetivo de esta operación es borrar el borde del lado que vaya a situarse el efecto, dejando de esta forma un hueco en el sujeto.

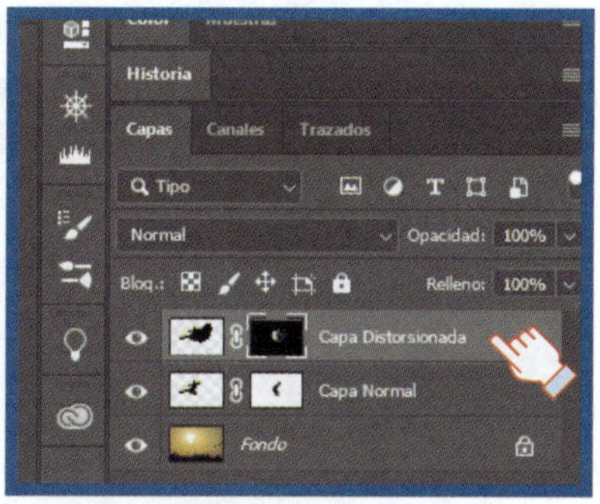

6 Al terminar de generar la parte desintegrada de la imagen, pasamos a la máscara de la Capa Distorsionada. Con cuidado de tener el mismo pincel, pero esta vez utilizando el color blanco (si se está usando solo blanco y negro como colores principales, se puede cambiar fácilmente entre uno y otro presionando X), vamos pintando los sectores que nos parezcan adecuados para generar un poco de relleno y terminar de simular la dispersión de la figura.

7 Antes de los pasos finales, emplearemos otra imagen previamente preparada para el ejercicio, la cual presenta una bandada de pájaros en escala de grises sobre un fondo blanco. Seleccionamos el fondo con la **Varita Mágica** (**W**) y verificamos que no tenga una tolerancia de más de 20. Hacemos clic derecho para abrir el menú contextual y elegimos **Seleccionar inverso**, para tener elegidas las aves en vez del fondo. Luego presionamos **Ctrl + J** para copiarlas a una capa separada.

8 Al quedar la capa por separado, usando la herramienta de **Lazo** (**L**), vamos seleccionando cada ave para, luego, colocarlas en otra capa independiente. Es importante volver a la capa original donde se encontraban las aves, ya que desde la capa donde estemos al terminar de copiar, no habrá elementos para pasar a otra.

9 Cuando finalicemos esta tarea de copiar cada pájaro a su capa individual, seleccionamos desde la última capa (exceptuando la original y el fondo) hasta arriba manteniendo apretado Shift y, con la herramienta **Mover** (**V**), sin dejar de seleccionar todas las capas, las arrastramos hacia nuestro archivo previo.

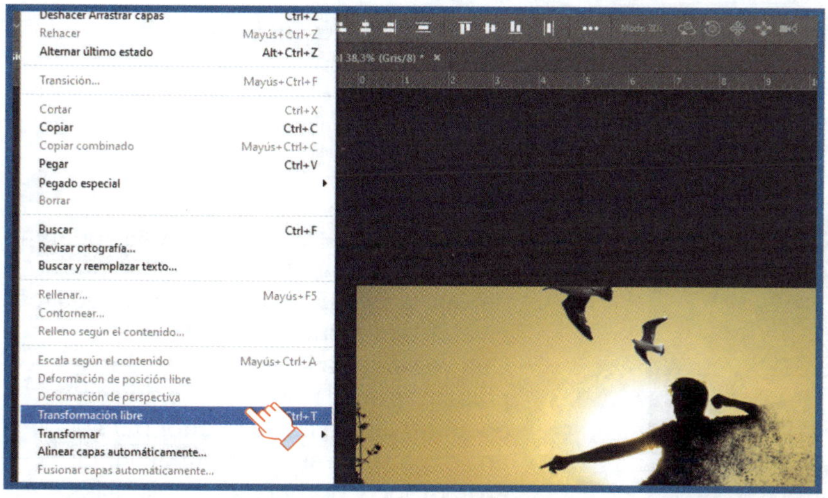

10 Al regresar a nuestra imagen distorsionada, sin dejar de seleccionar las aves, podemos ir al menú **Edición** y usar la **Transformación Libre** (**Ctrl + T**) para cambiar el tamaño de la imagen como sea necesario.

11 El siguiente paso es comenzar a ubicar las aves en los sectores apropiados para el tipo de dispersión que tengamos en mente. Antes de moverlas, es conveniente bloquear las capas que teníamos previamente en el archivo para no modificarlas por error, marcándolas con Shift y presionando el icono del candado que aparece por encima de la lista de capas. Entonces sí, vamos seleccionando las aves individualmente con **Ctrl + clic izquierdo** y/o transformándolas libremente (**Ctrl + T**) para variar sus tamaños, o copiando los elementos que nos funcionen mejor para llevar a cabo el efecto por medio de la herramienta **Mover** (**V**) y manteniendo presionado Alt. Tratemos de que queden espacios regulares entre cada imagen para no deformar por completo las figuras o dejar mucho empaste en el resultado final.

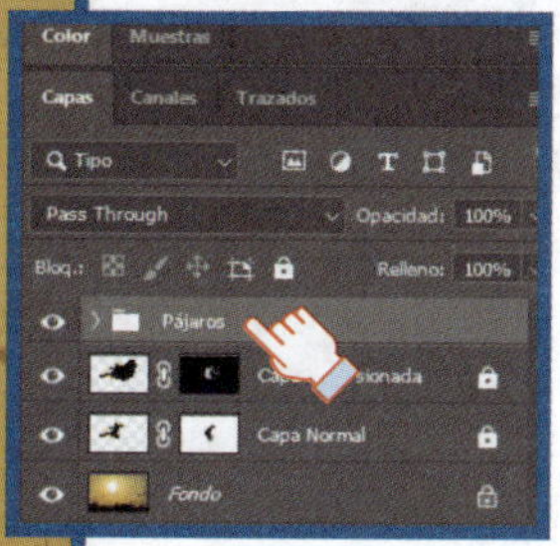

12 Después de ubicar cada imagen donde nos parezca bien, seleccionamos todas las capas que pertenecen a las aves con Shift y presionamos **CMD/Ctrl + G** para agruparlas en una sola carpeta (que pasaremos a llamar Pájaros) y poder realizar cambios sobre todas las aves en conjunto.

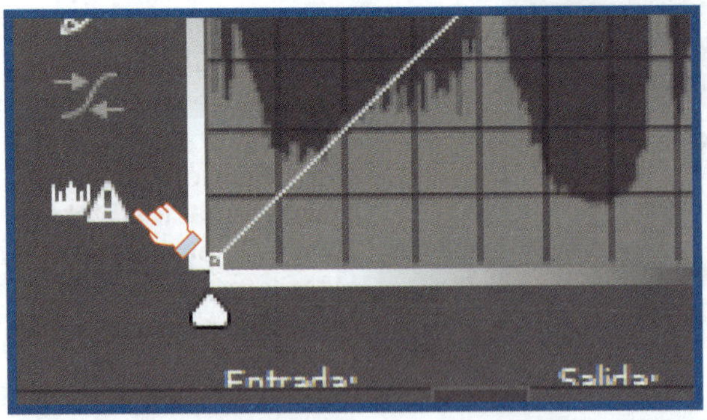

13 Como siguiente paso, vamos a la pestaña de **Ajustes** para seleccionar la ventana de **Curvas** y ajustar a grandes rasgos los niveles de luminosidad del grupo.
Una vez abierta la ventana de **Curvas**, pulsamos en el primer icono que se encuentra en la parte inferior para crear una capa separada que pueda influir en el grupo y podamos cambiar si es preciso. Luego movemos la línea por debajo o por encima de los niveles normales para aclarar u oscurecer el grupo entero de aves.

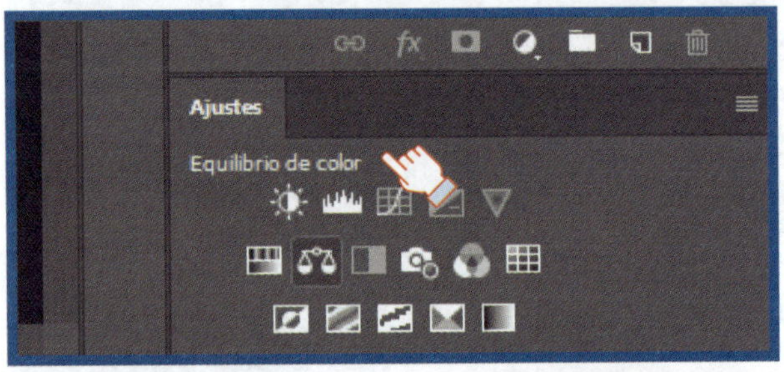

14 Cuando terminemos, podremos encaminarnos a los pasos finales de retoque, deseleccionando cualquier capa que tengamos elegida (**Ctrl + D**) y entrando en la opción de **Equilibrio de Color** dentro de la pestaña de **Ajustes**.

¿Recuerdan que habíamos bloqueado las capas de Distorsión y la Capa Normal? Este es el momento de desbloquearlas para seguir ajustando los efectos y el nivel de transición que manejan, y conseguir así una dispersión ideal.

15 Desde esta ventana podremos cambiar los valores de color en las sombras, los medios tonos y la iluminación. Para dar un tono más cálido, modificamos la imagen subiendo los rojos, los magentas y los amarillos.
Para finalizar, podemos manipular también **Brillo y Contraste**, acentuando y uniendo el clima general de la pieza.

Cómo realizar un mock up desde cero

Los mock ups son una herramienta indispensable en lo que concierne al diseño gráfico, y de no ser por Photoshop, no contaríamos con ellos. La creación de piezas base en las cuales podemos colocar los diseños que queramos, nos permite ver el futuro de determinados productos e, incluso, jugar y customizar fotografías a nuestro antojo.

Aprenderemos a crear un mock up desde cero para etiquetas de vino, utilizando una fotografía de una botella sin ningún tipo de edición, a la que le generaremos un fondo artificial por medio de las herramientas **Rectángulo** y **Superposición de Degradado**. Luego pasaremos a crear un **objeto inteligente** que nos permitirá editar nuestro diseño por fuera de la mesa de trabajo y que, posteriormente, adaptará su volumen de manera automática.

Siguiendo estos mismos pasos, podremos adaptar el diseño que queramos a las botellas sin perder calidad y con un resultado realista y pulcro, ideal para usar de prototipo o como imagen nítida de producto. Aprenderemos a trabajar en varios lienzos a la vez y a editar la imagen de forma no destructiva, para tener un archivo base del que poder guardar todos los diseños que queramos.

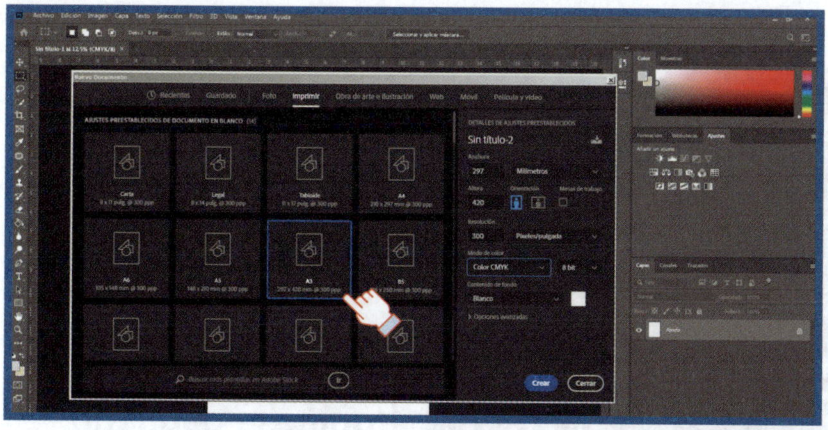

1 Creamos un nuevo documento utilizando el atajo **Ctrl + N**. Como queremos que nuestro mock up de vino sirva para realizar afiches imprimibles, pasamos a seleccionar la opción **A3** de los ajustes predeterminados que nos ofrece el programa, para obtener un lienzo de unos 29x42 centímetros aproximadamente. Definimos una orientación vertical y un modelo de color CMYK.

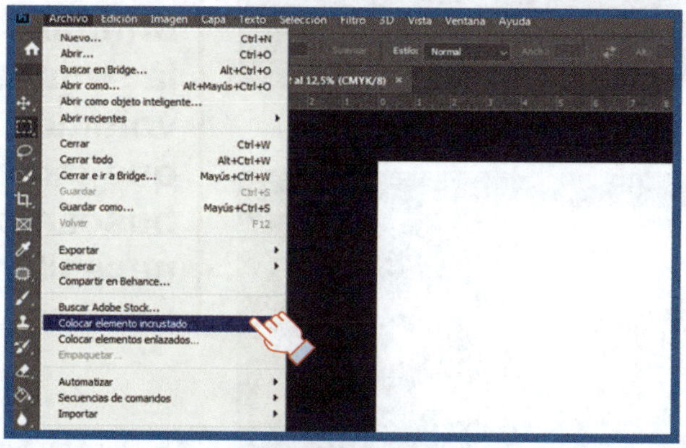

2 Haciendo clic en **Archivo/ Colocar Elementos Incrustados**, importamos la imagen base de la botella al lienzo.

3 Por medio de la herramienta de Transformación Libre, con **Ctrl + T** adaptamos la fotografía a la mesa de trabajo. Nos interesa solo una de las botellas para hacer el mock up, de modo que agrandamos la imagen y centramos únicamente el sector que nos interesa.

4 Utilizamos la herramienta de **Selección Rápida (W)** para seleccionar por completo el fondo de la imagen y dejar solo la botella.

5 Creamos una máscara vectorial que nos permita eliminar prolijamente el fondo de la imagen.

Es importante suavizar los bordes de la botella, ya que ese pequeño detalle es lo que le brindará al producto la sensación de volumen y realismo que tanto buscamos cuando necesitamos crear un mock up.

6 Para suavizar los bordes de la máscara vectorial, hacemos doble clic sobre la parte de la capa que muestra la máscara y, en la barra de **Desvanecer**, escogemos un valor de **3**.

7 Generamos dos rectángulos para crear el fondo nuevo del mock up: uno inferior, que esté por encima del final de la botella, y otro que haga de pared.

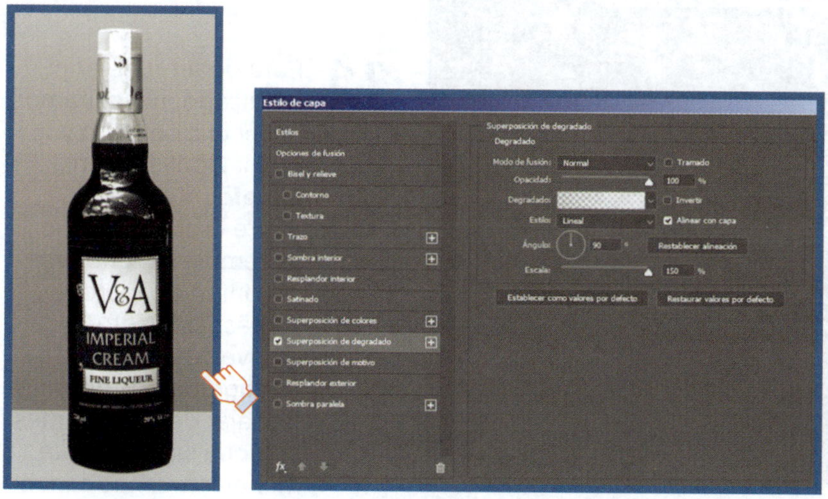

8 Haciendo doble clic sobre la capa, o con clic derecho y eligiendo **Opciones de fusión**, marcamos **Superposición de Degradado** para darle sombras a la pared.

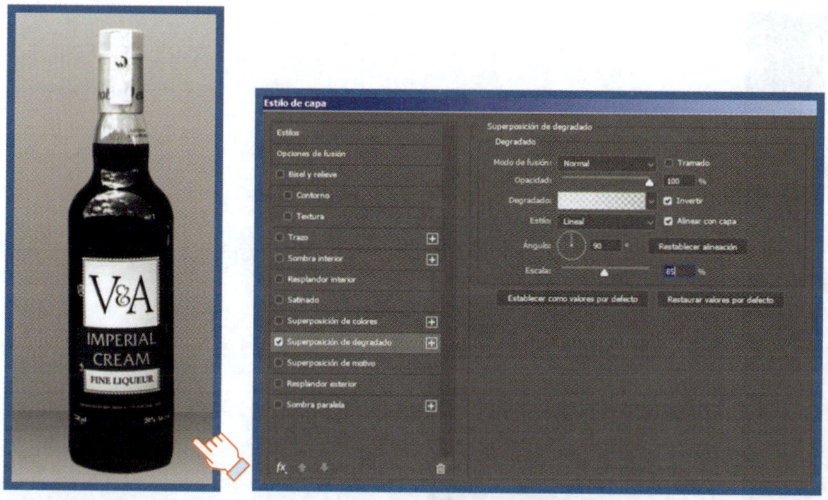

9 Hacemos lo mismo con el rectángulo inferior, solo que esta vez marcamos la opción **Invertir**; así, no solo daremos sombras a la composición, sino que también le aportaremos profundidad.

La superposición de degradados nos permite asignar un cambio de color uniforme sobre toda la superficie de la capa. Es ideal cuando trabajamos con planos de volumen y necesitamos dar profundidad de manera rápida.

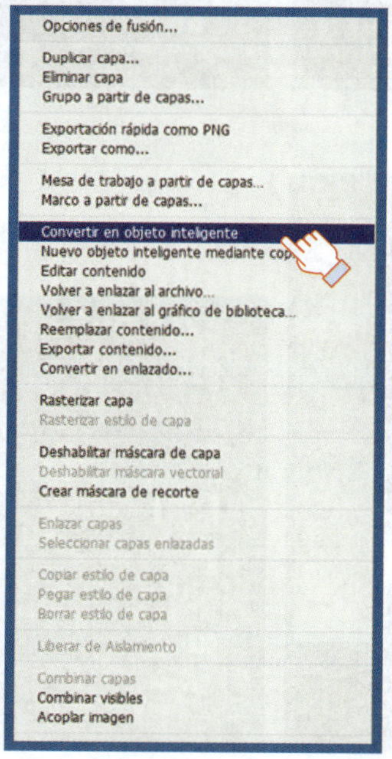

10 Creamos un reflejo de la botella, utilizando el atajo **Ctrl + J** para duplicar la capa.

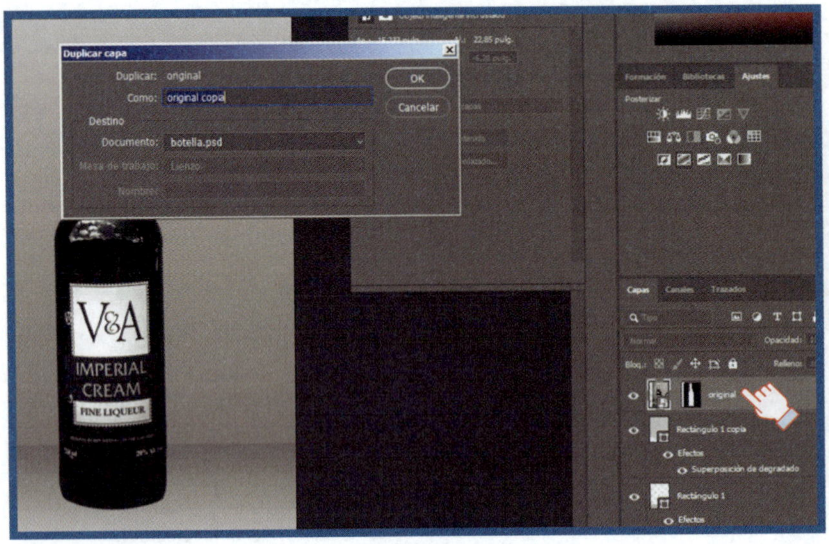

11 Para poder reflejar el duplicado, necesitamos hacer clic derecho y elegir **Convertir en Objeto Inteligente** sobre la capa; si no lo hacemos, se reflejará el contenido, pero no, la máscara vectorial. **Convertirla en objeto inteligente** nos permite trabajar de manera más cómoda sin tener que manejar muchas capas a la vez.

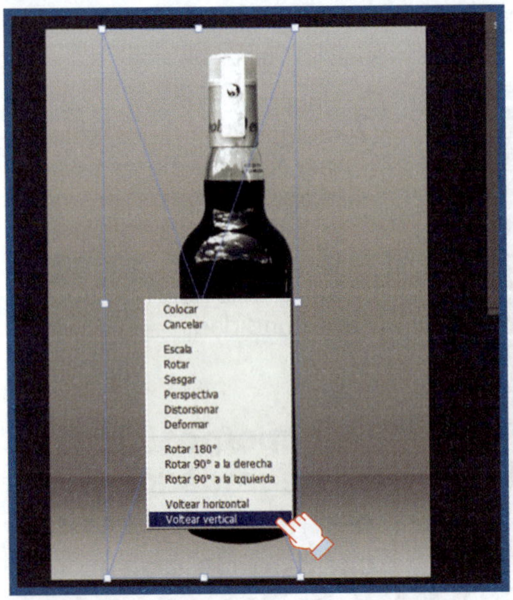

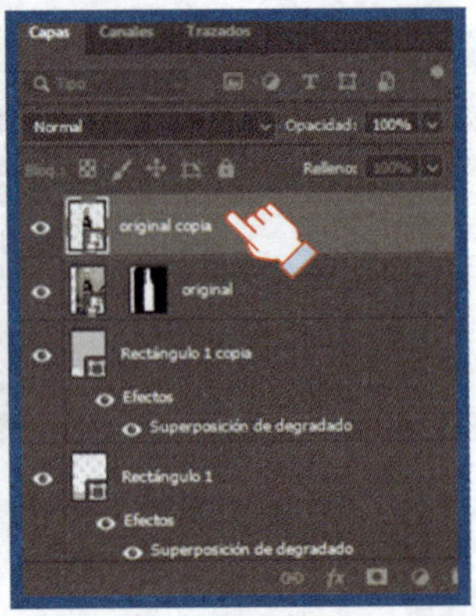

12 Ahora sí, podemos hacer clic derecho en **Voltear Vertical**.

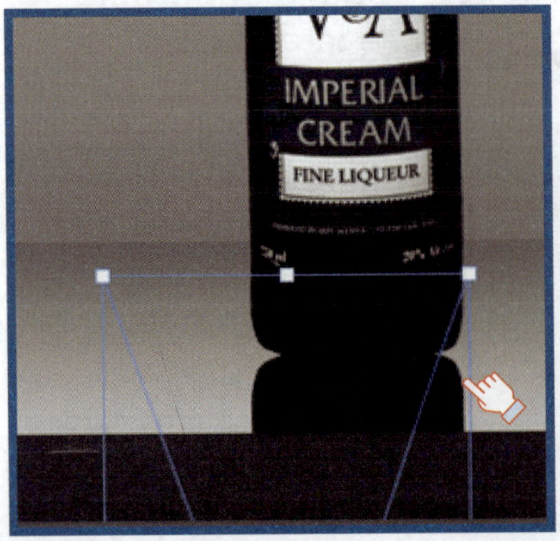

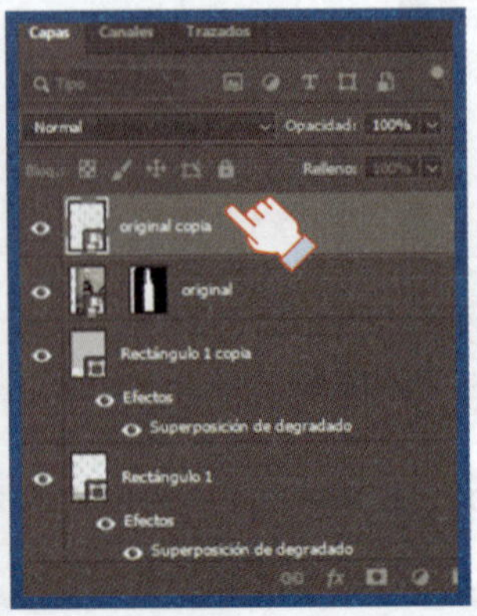

13 Mediante **Transformación Libre**, llevamos la botella espejada a la parte inferior de la original, para que sea solo un reflejo sobre la mesa.

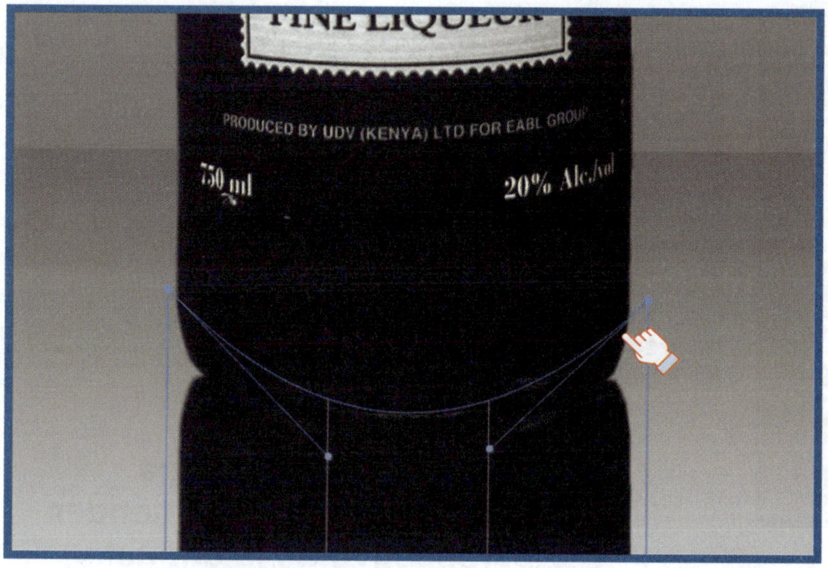

14 Con clic derecho y **Deformar**, vamos pegando el borde de la botella falsa sobre la original, de modo que sea un reflejo más realista.

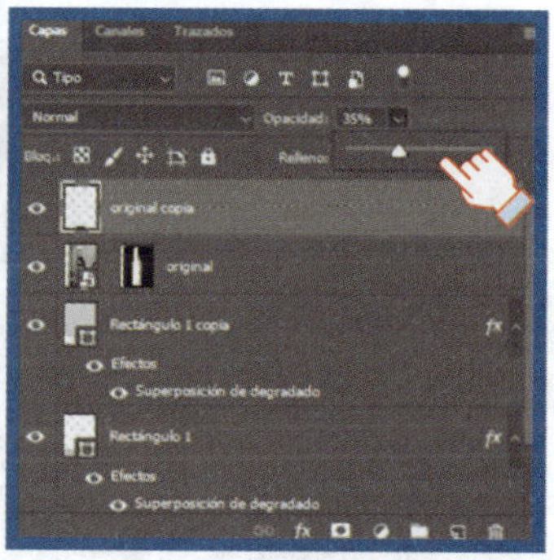

15 Bajamos la opacidad de la capa a un 35%.

16 Utilizando la **Goma (E)** en una **Dureza** baja y una **Opacidad** del **40%**, creamos una especie de degradado difuminando las partes más alejadas del reflejo.

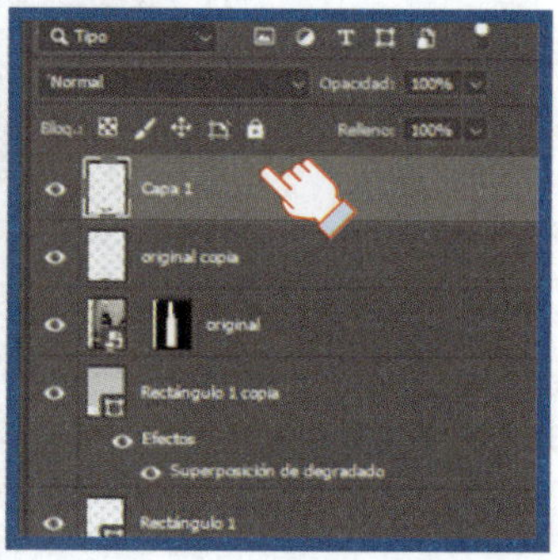

17 Con el **Pincel (B)** en dureza baja dibujamos una sombra negra en la base de la botella para dar más realismo.

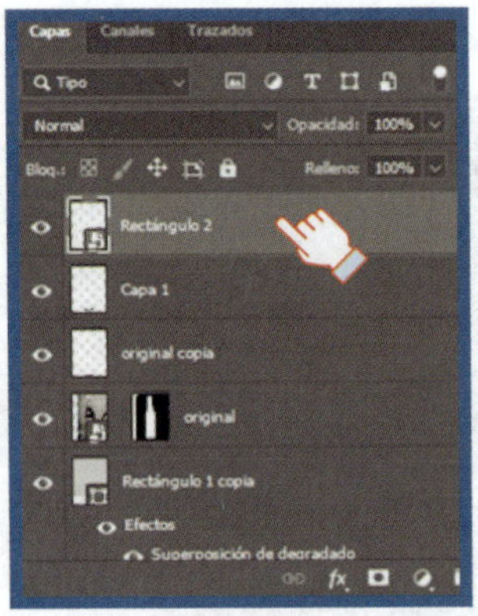

18 Pasaremos a la parte de la etiqueta, para lo cual creamos un rectángulo con las medidas que queramos y lo convertimos en un objeto inteligente.

En caso de que no tenga etiqueta previa, para entender la perspectiva de la etiqueta nueva podemos imitar la forma cilíndrica de la botella basándonos en la curva de la base o en el cuello.

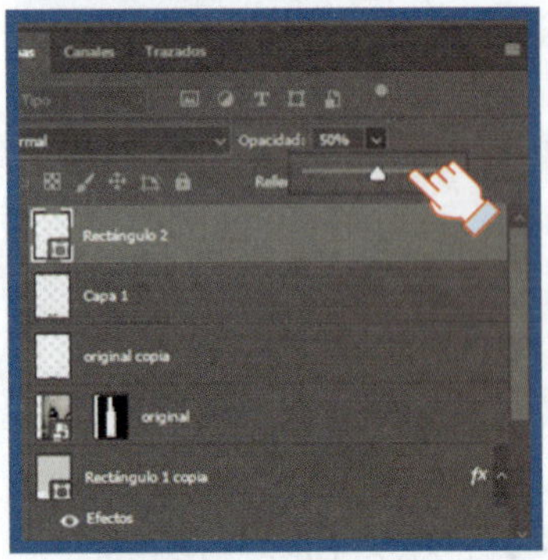

19 Bajamos la **Opacidad** del rectángulo a un **50%** para obtener cierta transparencia que nos permita ver qué hay debajo de la etiqueta.

20 Con clic derecho y **Deformar**, vamos ajustando el rectángulo al volumen de la botella.

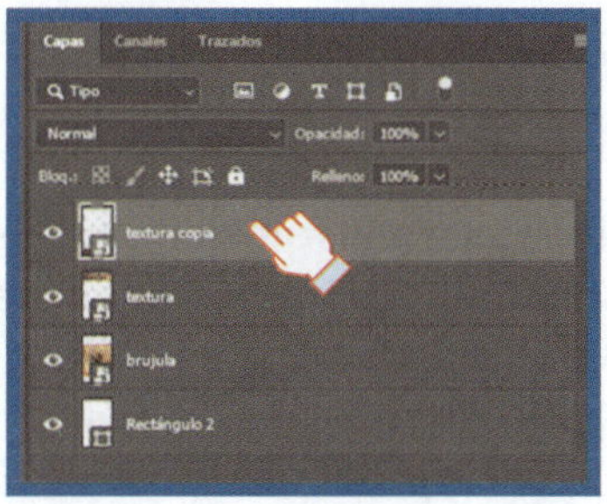

21 Haciendo doble clic sobre el rectángulo, se abre otro lienzo de trabajo, sobre el cual vamos a diseñar o colocar la etiqueta. A modo de ejemplo, utilizaremos una imagen de una brújula vintage y algunas texturas.

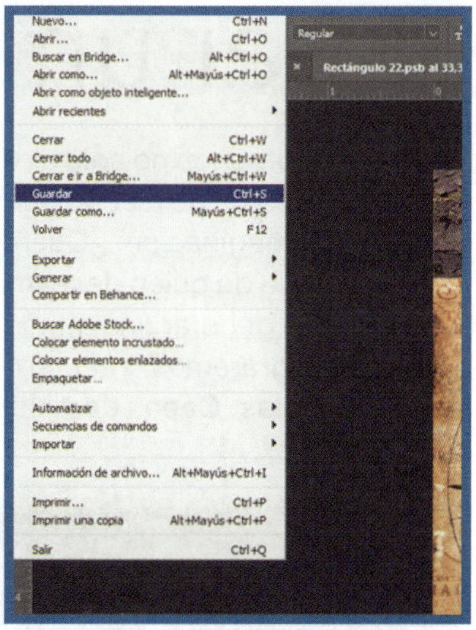

22 Guardamos el archivo con **Ctrl + S**, y veremos que los cambios se conservan también sobre la etiqueta de la botella.

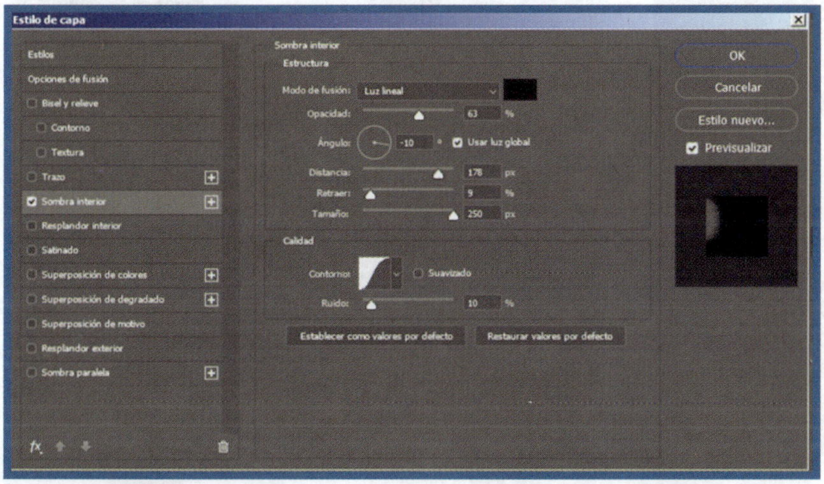

23 Manipulamos las **Opciones de Fusión** de la capa para darle una sombra interior y que el mock up se vea más realista.

24 Como paso final, agregamos detalles del mismo color de la etiqueta. Por ejemplo, podemos cambiar el fondo a la tonalidad deseada haciendo clic sobre los rectángulos o, incluso, seguir los mismos pasos que hicimos con la etiqueta para la cinta de la tapa.

Crear un cyborg

Photoshop no solo sirve para editar nuestras fotos cotidianas o para realizar trabajos de diseño: también es una fabulosa herramienta destinada a echar a volar la imaginación. ¿Queremos darles vida a personajes fantásticos? Solo necesitamos una fotografía de quien deseamos transformar e imágenes de elementos que podamos insertar para generar una atmósfera adecuada. A partir de la foto de una persona común y corriente, lograremos crear un cyborg de película, utilizando herramientas como **Separación de Frecuencias**, **Capas de Ajustes** y el **Pincel** en distintas durezas.

Para comenzar con nuestro tutorial es buena idea que podamos investigar y encontrar referencias que nos ayuden en el proceso de trabajo. Como en este caso, pueden ser distintas fotografías y videos de robots tomadas de Internet que nos permitan imaginar a grandes rasgos su funcionamiento.

Para desarrollar este proyecto debemos buscar imágenes de engranajes, cables y de cualquier pieza tecnológica en buena resolución. Esto nos servirá para mecanizar nuestro personaje y aportarle un fondo interesante que agregue atmósfera.

1 Abrimos la foto sobre la que queramos hacer la manipulación dirigiéndonos a **Archivo/Abrir** o presionando **Ctrl + O**.

2 Como primer paso, vamos a eliminar el fondo de la modelo utilizando la herramienta de selección de nuestra preferencia.

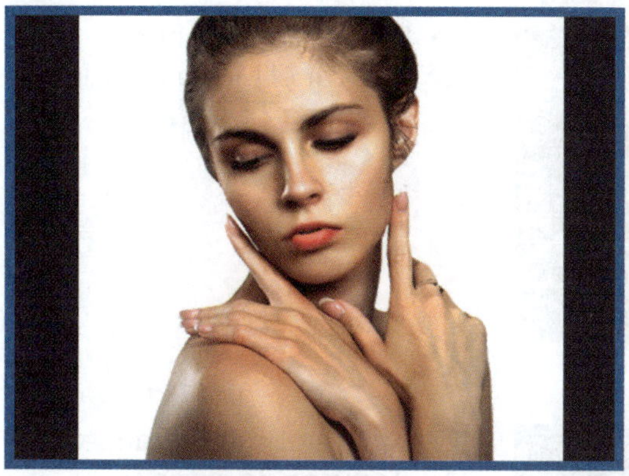

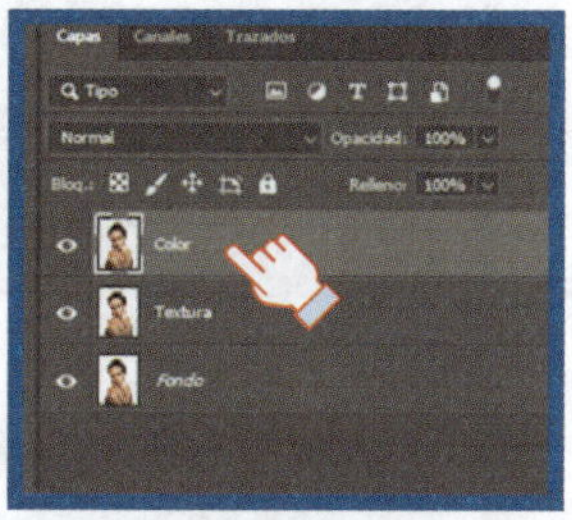

3 Suavizamos la piel de la modelo para darle una apariencia un poco más artificial. Para hacerlo, debemos duplicar la capa dos veces presionando **Ctrl + J**; las nombramos **Textura** y **Color**.

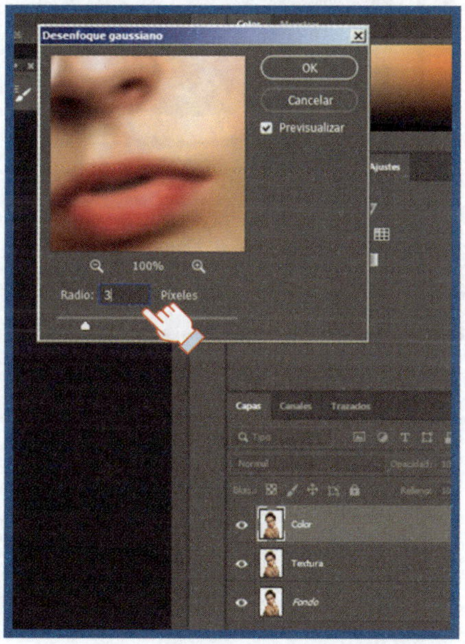

4 Sobre la capa **Color** aplicamos un **Desenfoque Gaussiano**, para lo cual vamos a **Filtro/Desenfoque/Desenfoque Gaussiano** y aplicamos unos valores que suavicen totalmente los detalles e imperfecciones del retrato; en este caso, utilizamos **3 px**.

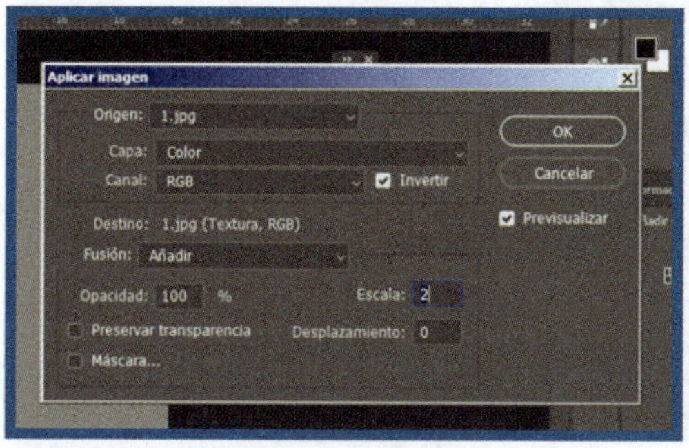

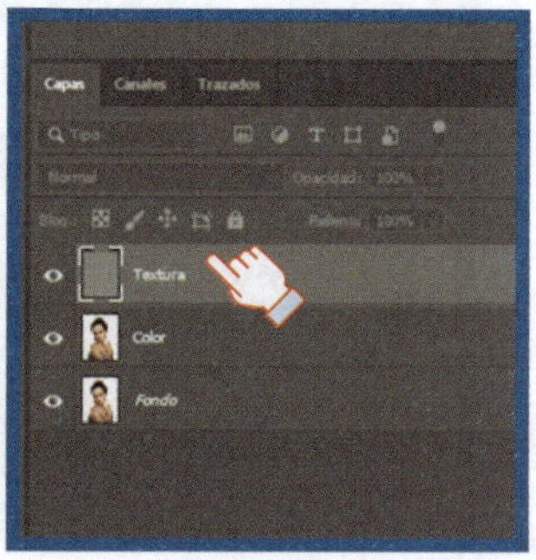

5 Seleccionamos sobre la capa **Imagen/Aplicar Imagen** y especificamos en **Capa** la opción **Color**. En **Canal RGB** marcamos **Invertir**, y en **Fusión**, **Añadir**. En el menú de escala especificamos **2 píxeles**, que proporcionarán el enfoque perdido en el paso anterior.

Debemos tener en cuenta que, borrándole cualquier imperfección del rostro y eliminando la presencia de poros y lunares, lograremos crear un efecto plástico impoluto; esto nos servirá para hacer aún más artificial el acabado final.

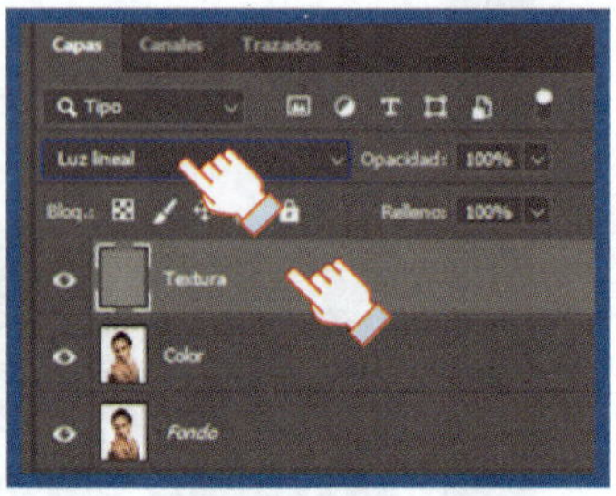

6 Es importante ahora colocar el **Modo Luz Lineal** a la capa **Textura**.

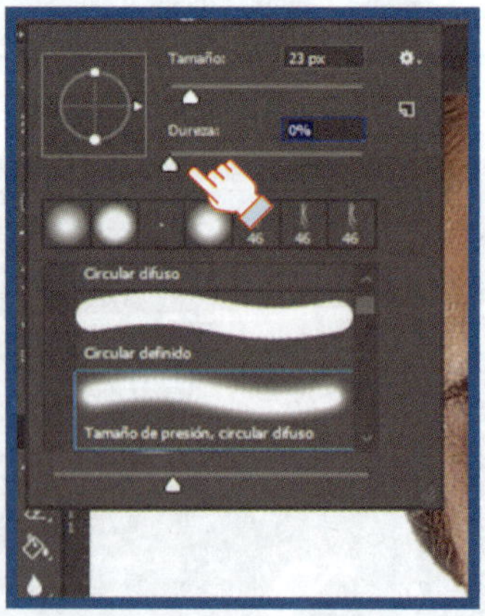

7 Utilizamos la herramienta **Tampón de clonar** o **Parche** para perfeccionar áreas de la capa de textura y eliminar cualquier tipo de imperfección, tomando una muestra limpia y pintando con toquecitos sobre cualquier arruga o mancha.

Hacemos lo mismo con la capa **Color**, asegurándonos de que la herramienta de clonación que utilicemos tenga una **Dureza 0**, para evitar manchones.

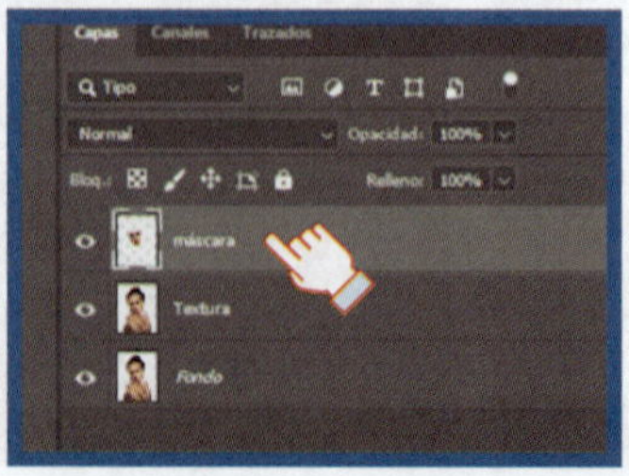

8 Con **Ctrl + E** combinamos las capas de frecuencia y ajustamos la piel según lo necesitemos.

Dibujamos el contorno de toda la cara de la modelo como si se tratara de una máscara y presionamos **Ctrl + J** para tener una capa duplicada de la selección; la nombramos **Máscara**.

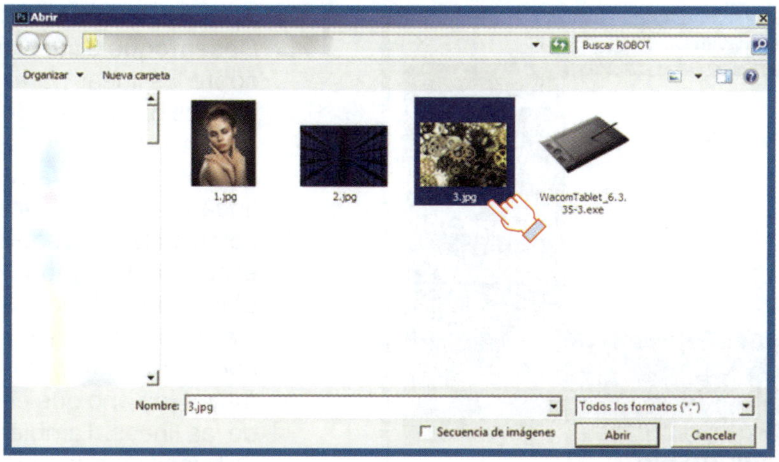

9 Seleccionamos otra vez el rostro de la original y eliminamos la selección, mientras que con **Ctrl + T** deslizamos la capa para que parezca que se desarma.
Importamos una fotografía de engranajes que colocamos en el lugar donde antes estaba el rostro de la modelo. La llevamos a la mesa de trabajo dirigiéndonos a **Archivo/Colocar Elementos Incrustados**.

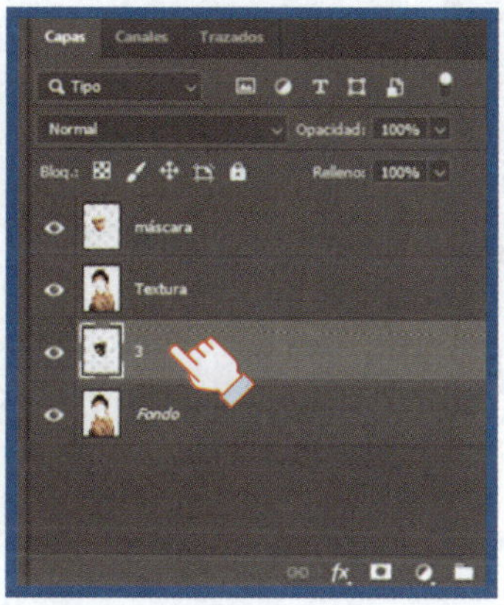

10 Con la herramienta **Selección Rápida**, recortamos rápidamente el sobrante de la imagen para que solo queden engranajes en el hueco de la cabeza. La ubicamos en la capa debajo de la máscara, de forma que parezca el interior del robot.

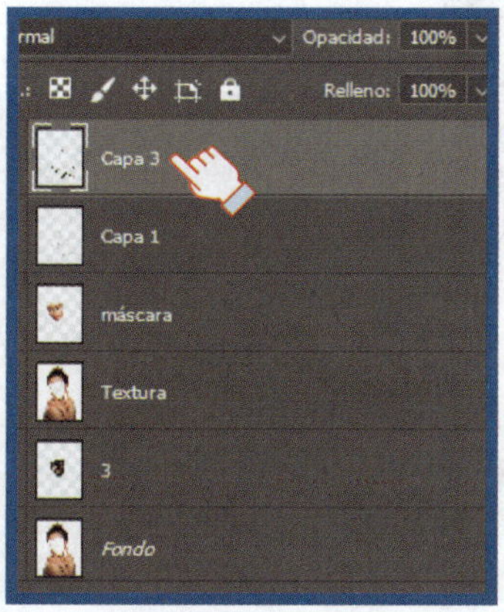

11 En una capa nueva y con el **Pincel (B)** en **Opacidad 70%**, dibujamos líneas sobre las articulaciones del robot. Es recomendable no utilizar un color **100% negro**, para evitar un resultado artificial.

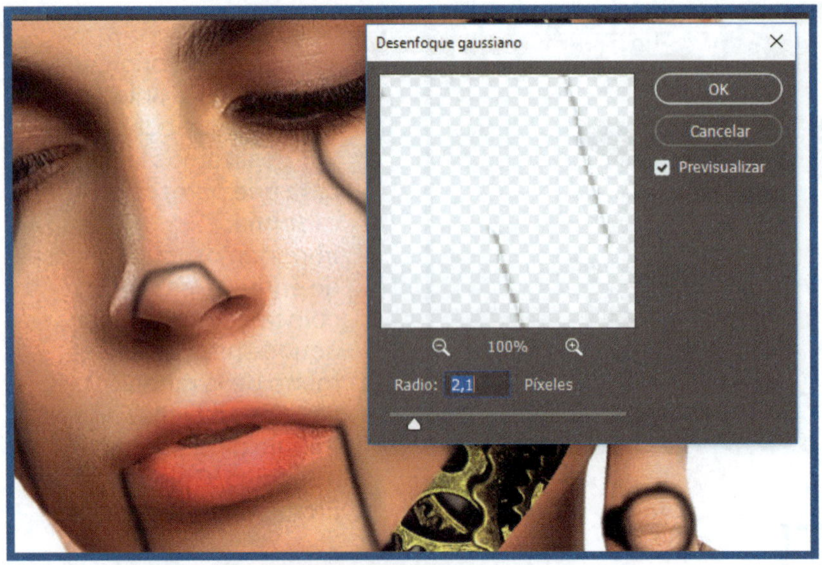

12 Aplicamos un **Desenfoque Gaussiano** sobre las líneas para que los bordes queden más suaves
Damos profundidad a las líneas para que se vean como incisiones sobre el cuerpo de la modelo, utilizando un tono café claro y un **Pincel (B)** con dureza baja y de mayor tamaño que el de las líneas. También es buena idea rodear el rostro cortado con este color, para generar el grosor del cráneo.

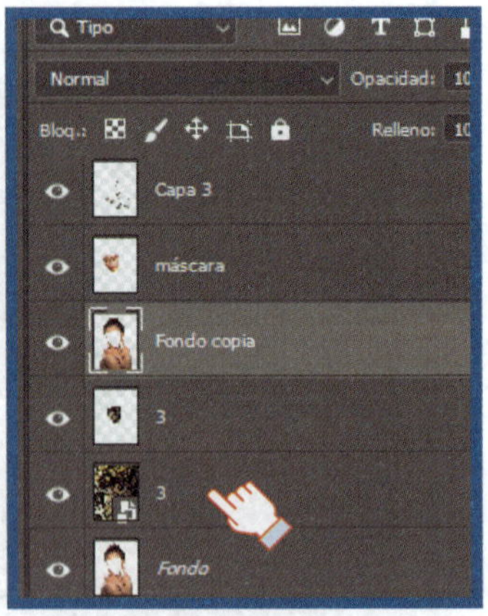

13 Volvemos a marcar las líneas para que sean más nítidas, esta vez, con un **Pincel (B)** en negro y dureza baja. Aplicamos un fondo tecnológico que nos permita lograr una mejor ambientación. Para hacerlo, importamos la imagen y la ajustamos con la herramienta **Transformación Libre (Ctrl + T)**.

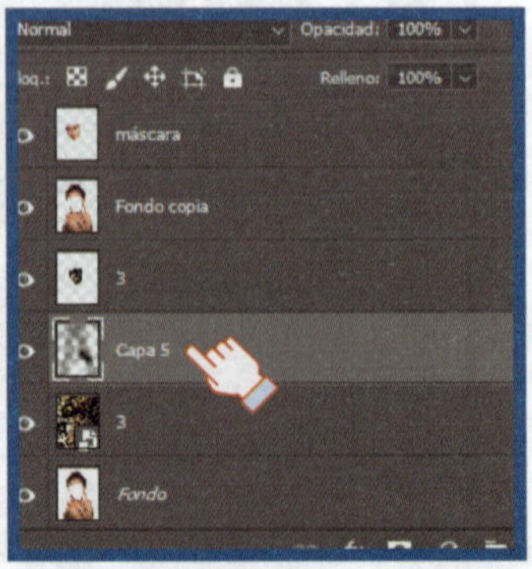

14 Vamos a generar una sombra para dar más realismo, utilizando la herramienta **Pincel (B)** sobre una capa nueva con un tamaño grande y **Opacidad** del **20 %**. Agregamos más pinceladas a las zonas que se encuentran junto a la chica, y menos, a medida que se alejan de ella, de modo de conseguir un efecto de degradado.

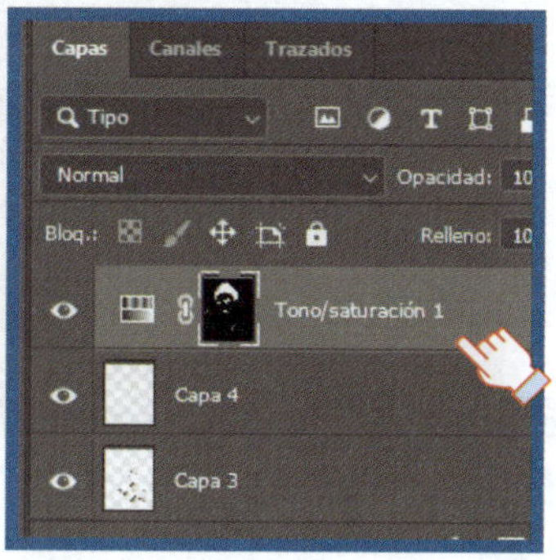

15 Agregamos detalles con una **Capa de Ajuste** de **Tono/Saturación**. Marcando la opción **Colorear**, pintamos los labios y los ojos de un tono azul oscuro para que se vea menos humana.

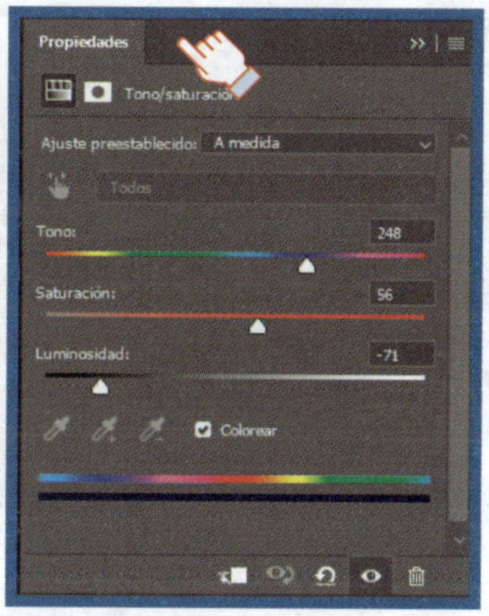

16 Creamos una capa de ajuste de **Tono/Saturación** que abarque la totalidad del proyecto, para restarle calidez a la piel de la modelo y que parezca más robótica.

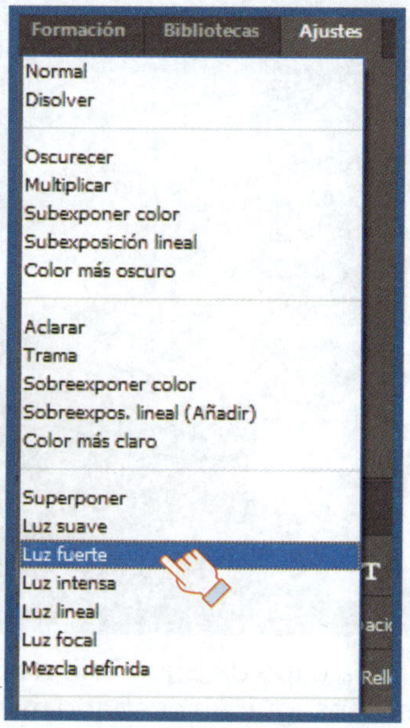

17 Como paso opcional, podemos hacer una selección rápida de las articulaciones de las manos y colocarle la textura de los engranajes en **Modo de Fusión Luz Fuerte**.

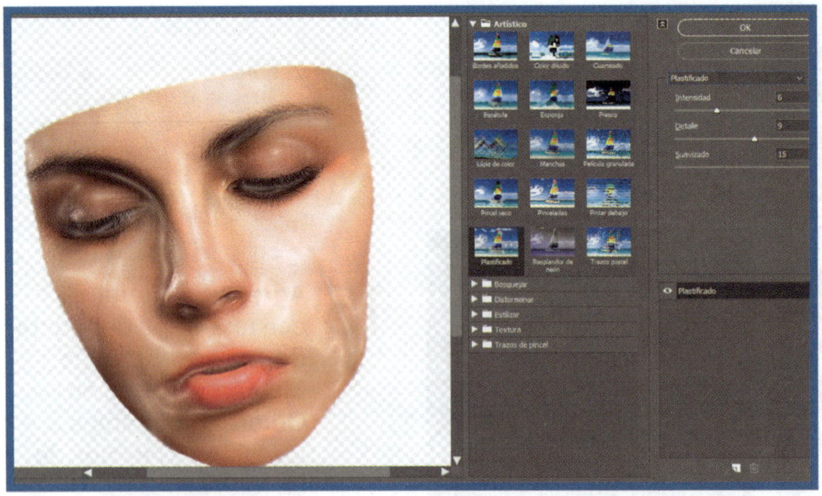

18 Volvemos a seleccionar la piel de la modelo y nos dirigimos a **Galería de Filtros/Plastificar** para darle un toque plástico al robot.

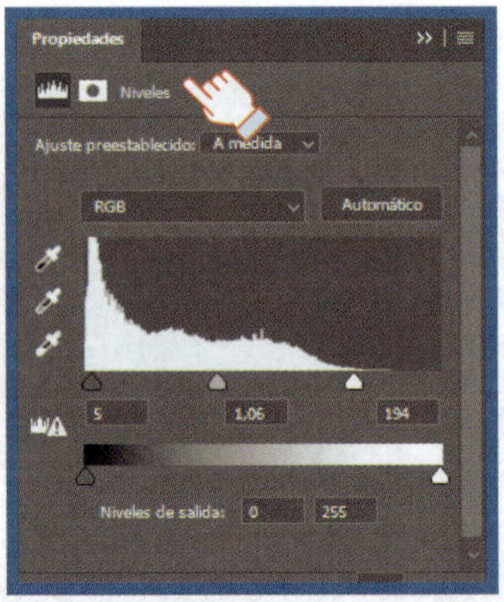

19 Con una **Capa de Niveles** definimos los contrastes que más convengan al resultado final. Esta capa nos permitirá que los trazos del dibujo y la modelo misma se fusionen un poco más.

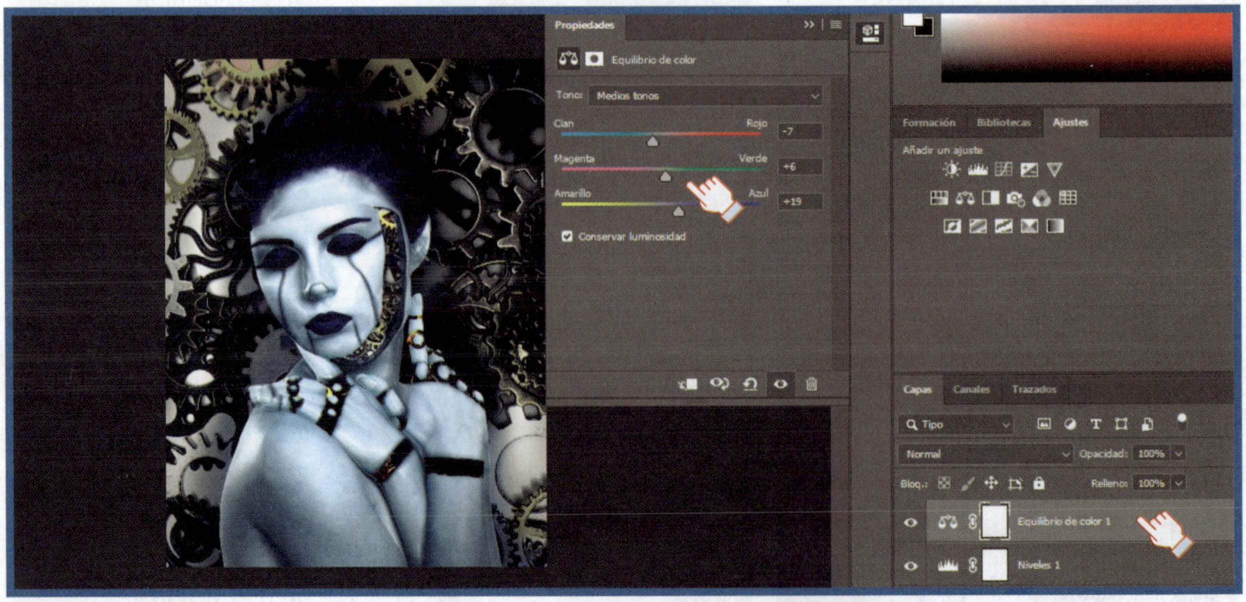

20 Finalmente, podemos crear una capa de **Equilibrio de Color** para que predominen los azules y los verdes, y así conseguir un acabado más frío para la imagen.